영웅 출동!
광대한 땅을 구하라!

＊일러두기
인명과 지명은 국립국어원의 '외래어 표기법'을 따르되 이미 굳어진 경우 관례에 따라 표기했습니다.
사진 출처 ⓒ셔터스톡, 위키미디어

글 김영미·문상온   그림 Tic=Toc

하루놀

미국

캡틴 부메랑
신들의 정원에 근거지를 둔 캡틴 부메랑은 미국을 대표하는 영웅이다. 사람들이 어려움에 처하면 언제 어디에서든 나타난다. 그런데 캡틴 부메랑에게는 한 가지 비밀이 있다.

강효주 박사
유명한 지질학 박사로 태풍의 고모이다. 하버드 대학교에 초청되어 미국 여행길에 오른다.

강태풍
넉살 좋지만 아는 척하길 좋아한다. 고모를 따라 처음 가는 미국 여행에 마냥 들뜬 상태이다.

캐나다

슈퍼 메이플
미국에 캡틴 부메랑이 있다면, 캐나다에는 슈퍼 메이플이 있다. 캐나다를 상징하는 단풍잎이 새겨진 옷을 입고 자연과 사람들을 지키기 위해 힘쓴다.

삼촌
지오가 무척 좋아하며 많이 의지한다. 그림 실력이 뛰어나서 어릴 적 지오가 곤충을 관찰할 때, 그 모습을 그림으로 그리곤 했다.

윤지오
겁이 많고 소심하지만 과학을 좋아하고, 자연을 사랑한다. 자연을 지키는 과학자가 되길 꿈꾼다.

미국

프롤로그_신들의 정원

흩어진 먼지들이 모였다. 그것은 작고도 작은 세상이었다.
　그곳에 속한 인간들은 더 작은 존재였지만, 인간들은 자신들이 세상을 지배하고 통제하려고 했다. 자연까지도 자신들의 뜻대로 제어하려고 했다. 자신들이 능력껏 개발한다면 더 쉽고 편리한 세계를 만들 수 있을 것이라고 생각했다.
　하지만 그것은 인간의 오만과 착각이었다.

　시속 250킬로미터가 넘는 강풍과 억수 같은 비가 육지를 강타한다. 해수면이 상승하고 9미터 높이의 파도가 밀려들면서 주변 지역 수 킬로미터가 물에 잠긴다. 건물은 무너지고 다리는 붕괴되며 나무는 뿌리째 뽑힌다. 제때 대비하지 못하면 엄청난 수의 사망자가 발생한다. 허리케인은 가장 치명적이고 파괴적인 자연의 힘 중 하나이다.
　"당장 대피시켜야 해. 이건 세기의 폭풍우야."
　캡틴 부메랑의 말에 옆에 있던 영웅들이 동감한다는 뜻으로 고개를 끄덕였다.

  2005년 8월 마지막 주, 북대서양에서 발생한 강력한 허리케인이 미국 뉴올리언스를 강타했다. 즉시 대피 명령이 내려졌고 2백만 명에 달하는 사람들이 대피해야만 했다. 이것은 미국 역사상 손꼽히는 대규모 대피였다.

  그런데 이번에 허리케인이 또다시 미국을 강타할 것이라는 보도가 나왔다. 참사의 기억은 여전히 생생했고, 사람들을 구하려면 신속히 대처해야 했다.

  미국 중부에는 '옥수수 주'라는 별명으로 불리는 아이오와주가 있다. 옥수수밭이

끝없이 펼쳐지는 곳을 지나면 지대가 조금씩 높아지면서 완만한 오르막길을 따라 콜로라도주에 이르게 되는데, 콜로라도주는 아메리카 대륙에서 가장 높은 산맥인 로키산맥 자락에 자리하고 있다.

로키산맥에는 파이크스 피크라고 불리는 곳이 있다. 겨울은 물론 한여름에도 눈이 쌓여 있고, 산꼭대기에는 공기가 희박해서 숨쉬기조차 힘들다. 이 파이크스 피크에서 멀지 않은 곳에 '신들의 정원'이 있다.

신들의 정원에는 신은 아니지만 그 정도의 힘을 가지고 있는 영웅들이 살고 있다. 이 영웅들은 북아메리카 지역 인간들의 세계를 내려다보며 그들에게 위기의 순간이 다가오면 가서 구해 주곤 한다.

신들의 정원은 거대한 기암절벽이 여기저기 흩어져 있어 붙여진 이름이다. 오래전 바다 밑에 있던 모래 바위가 융기한 뒤 풍화 작용이 일어나 기묘한 형상이 되었는데, 사람들은 이곳이 거인 아이들이 뒤뜰에서 진흙을 가지고 놀다가 그대로 둔 채 떠나 버린 모습이라며 신들의 정원이라고 불렀다.

하지만 사람들은 신들에 버금가는 영웅들이 그곳에서 살고 있을 줄은 꿈에도 생각하지 못했다.

1

"카리브해 섬들을 쑥대밭으로 만들었던 괴물 허리케인이 미국 플로리다주에 상륙했습니다. 200만이 넘는 가구가 정전이 되었고 플로리다 인구의 3분의 1이 대피했습니다. 취재 기자 나와 주세요."

"미국 플로리다주 남동부 해안 도시 마이애미, 폭우로 잠긴 거리가 하천을 방불케 합니다. 주민들은 몸을 가누지 못합니다. 일부 주민들은 안전지대로 대피했지만, 두려운 마음은 여전합니다."

텔레비전에는 온통 물에 잠긴 도시가 나오고 있었다.

"저는 다른 폭풍과 허리케인이 왔을 때에도 여기에 있었습니다. 그러나 이번 허리케인은 그때와는 전혀 다릅니다."

곧이어 사람들의 인터뷰가 이어졌다.

태풍이는 텔레비전에서 나오는 소식을 듣다가 다른 곳으로 채널을 돌렸다. 하지만 다른 채널도 내용은 비슷했다.

"25일 플로리다에 허리케인이 또 한차례 불어닥쳤습니다. 이번 허리케인은 2017년 초대형 허리케인 '어마'가 플로리다주 남쪽 키웨스트에 상륙한 모습과 똑같은 현상을 보이고 있습니다. 이 허리케인은 쿠바를 거치며 한때 3등급까지 약해지기도 했는데요, 플로리다 남쪽 바다를 거치면서 다시 4등급으로 강력해졌습니다."

뉴스에서는 허리케인에 대한 보도가 계속되고 있었다. 태풍이는 미국 플로리다주를 집어삼킬 것만 같은 허리케인을 보며 다음 주에 예정되어 있는 미국 여행을 제대로 할 수 있을지 걱정이었다.

처음 하게 된 미국 여행이었다. 사실 해외에 나가는 것 자체가 처음이었다. 비행기도 처음 타는 것이고 말이다.

하지만 며칠째 계속되는 허리케인에 관한 보도 때문에 태풍이는 잠을 이룰 수가 없었다.

"강풍으로 교통사고가 발생해 두 명이 숨졌고, 대형 크레인이 건설 중인 고층 건물을 덮치는 사고가 발생하기도 했습니다. 지금까지 200만 가구가 정전됐는데, 특히 마이애미-데이드 카운티는 전체 가구의 75퍼센트가 정전되어 암흑에 휩싸였습니다."

교수인 강효주 박사가 미국 하버드 대학교 초청 강연이 있어서 미국 여행길에 오른다고 했다. 그 소식을 듣고 강효주 박사의 하나뿐인 조카 태풍이는 고모를 몇 날 며칠 졸라 댔다.

"고모, 이번엔 나도 좀 데리고 가면 안 돼? 고모 혼자 가면 심심하잖아."

며칠을 졸졸 쫓아다니며 조른 끝에, 가서 절대 말썽 부리지 않겠다는 약속을 하고서야 미국 여행에 함께하는 것을 허락받았다. 그런데 지금 미국에 허리케인이 기승을 부린다니, 태풍이는 실망감이 이루 말할 수 없었다.

지금도 텔레비전에서는 대피 행렬이 이어지고 있었다. 강제 대피령이 내려졌다는 보도가 나온 뒤였다. 대피하는 차량이 줄을 이으면서 도시 곳곳의 주유소들은 기름이 동난 지 오래였다. 일부 도시는 주민들이 모두 빠져나가고 상점 대부분이 문을 닫아 마치 유령 도시를 방불케 했다.

태풍이는 고모와 가는 곳이 미국 어디인지 정확히 알 수 없었지만, 우리나

라만 해도 일기 예보에 서울에서 비가 내린다는 소식이 있으면 전국적으로 비가 내리는 경우가 많으니 미국도 그와 마찬가지일 것이라고 생각했다. 미국이 얼마나 큰 나라인지도 모른 채 말이다.

Hi 미국에 대해서 알려 줄게

미국

정식 이름은 아메리카 합중국(United States of America)이며 약칭은 U.S.A로, 알래스카와 하와이를 비롯한 50개 주와 하나의 특별구(워싱턴 D.C.)로 이루어져 있다. 미국은 영국의 식민지였으나 1776년에 독립했다. 오늘날 미국의 영토는 영국 식민지였던 동부 13개 주가 모체이고, 그 밖에 아메리카 대륙 원주민, 프랑스, 에스파냐, 멕시코, 러시아 등에게서 전쟁을 통해 빼앗거나 사들인 곳으로 이루어져 있다. 미국은 세계 1위의 경제력과 군사력을 가진 강대국이지만, 독립한 날로 따지면 약 240년의 역사를 가진 '신생국'이라고 할 수 있다.

미국 국기

미국 국기는 '성조기(별이 박힌 깃발)'인데, 미국을 구성하는 주의 수만큼 별이 있어서, 주가 증가할 때마다 별의 수가 늘어났다. 성조기는 현재까지 스물여섯 번이나 변경되었는데, 가장 최근에 변경된 것은 하와이주가 승격하였을 때였다. 현재 별의 수는 50개이다.

미국의 기후

미국은 지형의 배치, 바다나 해류의 영향, 바람 등에 따라 지역별로 기후가 다양하다. 높고 험준한 로키산맥이 바닷바람을 막아 주기 때문에 내륙 쪽에는 넓은 건조 지역이 형성된다. 대륙 중앙부는 북쪽의 캐나다와 남쪽의 멕시코만으로부터의 영향을 막아 주는 지형이 아니어서 겨울에는 차가운 북극 기단이 남쪽으로 내려오기 쉽다. 또한 오대호(슈피리어호, 미시간호, 휴런호, 이리호, 온타리오호) 연안에서 대륙 중앙부까지 한랭 기단이 흘러든다. 여름에는 멕시코만에서 습기를 머금은 따뜻한 열대 기단이 깊숙한 내륙 지역까지 올라가서 비를 내리게 하거나 허리케인을 몰고 온다.

허리케인

대서양 서부에서 발생하는 열대 저기압을 말하는데, 우리말로 싹쓸바람이라고도 한다. 허리케인은 '폭풍의 신', '강대한 바람'을 뜻하는 에스파냐어인 'Huracan'에서 유래한 말이라고 한다. 북대서양, 카리브해, 멕시코만 등에서 연간 발생하는 허리케인의 수는 평균 열 개 정도인데, 태풍보다 발생 수가 훨씬 적다. 8~10월에 가장 많다. 허리케인은 총 다섯 개의 등급으로 나눌 수 있는데, 1등급은 간판을 파괴할 정도이

고, 2등급은 지반이 약한 곳에 심긴 나무를 넘어뜨리며, 일반 주택의 지붕과 유리 창문을 날릴 정도이다. 3등급은 빌딩에 금이 가게 하고, 4등급은 일반 주택을 심하게 파괴하거나 무너뜨리고, 나무를 뿌리째 뽑아 날려 버릴 정도이다. 5등급의 초강력 허리케인은 지상에 서 있는 나무는 물론, 일반 주택과 작은 빌딩을 뒤엎고, 강을 잇는 다리까지도 쓰러뜨릴 수 있다.

미국을 강타한 기록적인 허리케인

2005년 8월에 발생한 '카트리나'는 루이지애나주, 미시시피주, 앨라배마주 등 남부 여러 지역을 덮치며 엄청난 비바람을 뿌렸다. 그중 가장 피해가 심각했던 루이지애나주 뉴올리언스에서는 제방이 무너지며 도시의 80퍼센트 이상이 물에 잠겼다. 카트리나로 인해 집계된 사망자와 실종자는 약 2,500명이 넘는 것으로 보고되었다.

2017년 9월에는 최고 등급인 5등급 허리케인 '어마'가 카리브해 일대를 강타하며 인명 피해가 속출했다. 허리케인 어마는 미국령 푸에르

토리코 북쪽 근해에서 시속 290킬로미터의 강풍과 폭우를 동반한 채 북쪽으로 올라갔는데, 어마로 인해서 푸에르토리코의 모든 항구와 공항이 폐쇄됐고 대규모 정전으로 100만 명 이상이 암흑 속에서 공포에 떨어야 했다.

> **토네이도**

바다나 넓은 평지에서 발생하며 매우 강하게 돌아가는 깔때기 모양의 회오리바람이다. 중심 부분의 바람 속도가 초당 100~200미터에 달할 정도로 강한 바람이 불어 지상의 물체를 맹렬하게 감아올린다. 토네이도는 '돌다'라는 의미의 라틴어 'Tornare'에서 이름이 유래했다. 미국 대평원 지역에서 주로 발생하는데, 미국에서 토네이도가 자주 발생하는 이유는 캐나다에서 차고 건조한 대륙성 한대 기단과 멕시코만에서 덥고 습한 해양성 기단이 만나 강한 상승 기류를 만들어 내기 때문이다. 우리나라의 경우 산악 지형이 많아서 토네이도가 잘 발생하지 않지만, 바다에서는 토네이도와 비슷한 용오름 현상이 종종 일어난다.

2

"돌풍과 폭우가 몰아치는 허리케인 시즌, 살인 폭풍이 활개를 칩니다. 홍수가 일어나고 시속 240킬로미터의 강력한 돌풍이 몰아칩니다. 수백만 명이 대피합니다. 그러나 이들은 더 큰 위험이 있다는 걸 모릅니다. 돌풍과 거센 파도는 시작에 불과합니다. 이제 더 치명적인 재앙이 다가옵니다. 몇 시간 내로 땅에 스며든 폭우는 엄청난 홍수를 일으키면서 모든 것을 집어삼킬 것입니다. 불어나는 물에서 아이들을 구하기 위해 부모들은 필사적입니다. 도시는 광포한 강과 맞섭니다. 그때 자연의 분노에 맞선 영웅이 등장했습니다!"

태풍이는 텔레비전 앞에서 그대로 멈추었다. 며칠 전에 허리케인이 플로리다주를 덮쳤을 때, 그곳에 미국을 대표하는 영웅 캡틴 부메랑이 나타난 것이었다. 텔레비전에서는 캡틴 부메랑의 등장이 마치 영화의 한 장면처럼 나오고 있었다. 평소 캡틴 부메랑을 꼭 만나고 싶었던 태풍이는 당장이라도 텔레비전 속으로 들어갈 듯이 앞으로 다가갔다.

"우아!"

물로 뒤덮인 도시 속에서 캡틴 부메랑이 물에 빠진 아이들을 건져 내어 부모 품에 안겨 주는 모습이 포착되었다.

"진짜 멋지다! 미국 가면 꼭 만나고 싶다."

태풍이는 텔레비전에서 눈을 떼지 못한 채 중얼거렸다.

플로리다주는 겨울철 휴양지로 유명하다. 특히 플로리다반도 남동부에 있는 항구 도시인 마이애미는 아름다운 해안선을 따라 줄지어 늘어선 야자수와 화려한 색채를 띠는 열대성 식물들이 절묘하게 조화를 이루고 있다. 주변에는 대규모 습지대가 형성되어 있는데, 비스케인만을 사이에 두고 마주 보는 위성 도시 마이애미 비치와는 세 개의 다리로 연결되어 있다.

플로리다주는 대체로 기후가 따듯해 눈이 내리거나 얼음이 어는 날이 거의 없다. 그래서 1년 내내 싱싱한 과일과 채소를 재배할 수 있다. 하지만 태풍이 눈앞에 펼쳐진 텔레비전 속의 광경은 드라마에서 봤던 그림과는 너무나도 달랐다.

허리케인이 몰아치고 간 플로리다주는 온통 물바다였다. 에메랄드빛 바다도, 푸르른 야자수도 없었다. 거센 비바람이 도시를 때리고 간 자리에는 넘어진 간판들과 둥둥 떠다니는 살림살이들, 소리치고 우는 사람들만 가득할 뿐이었다.

그런데 그곳에 신의 손길처럼 캡틴 부메랑이 나타난 것이다. 물살이 센 곳에서 가족들과 떨어진 채 발을 동동 구르고 있는 사람들을 품에 안고 가족이 있는 곳으로 인도해 주기도 하고, 당장이라도 사람들 머리 위로 내리꽂힐 것 같은 간판을 몸을 날려서 잡아채 주기도 했다.

태풍이는 마치 히어로물 영화를 한 편 보는 것만 같았다. 과연 현실인지 영화인지 구분이 가지 않았다.

태풍이는 이번 미국 여행이 기대되는 만큼 걱정도 컸다. 일기 예보에서는 괜찮다고 했지만, 언제 날씨가 변덕을 부릴지 몰랐다. 혹시라도 허리케인이나 토네이도를 만나게 된다면 그곳에 캡틴 부메랑이 꼭 나타나 주길 태풍이

는 빌고 또 빌었다.

그때 누군가 다가와 태풍이의 귀를 잡아당겼다.

"아야!"

태풍이의 고모인 강효주 박사였다.

"이 녀석아, 지금 비행기에 탑승해야 하는데 여기서 뭐 하고 있어? 미국에 가기 싫어?"

깜짝 놀란 태풍이는 고모의 말이 떨어지기 무섭게 탑승 게이트 안으로 들어갔다. 두근두근 가슴이 뛰었다. 자리에 앉아서도 창밖을 내다보며 구름밖에 보이지 않는 하늘에 대고 연신 감탄사를 내뱉었다.

"고모, 이런 날씨에는 캡틴 부메랑이 나타나지 않겠지? 캡틴 부메랑 만나서 사인이라도 받고 싶은데."

태풍이의 터무니없는 말에 강효주 박사는 어이가 없었다.

강효주 박사는 태풍이가 걱정이었다. 워낙 낯가림이 없고, 동에서 번쩍 서에서 번쩍하는 통에 미국에서 사고나 치지 않을까 걱정이 이만저만이 아니었다. 강효주 박사는 이런저런 걱정에 그만 한숨이 나왔다.

"에이, 고모. 긴장하는구나? 걱정할 거 없어. 미국에 가면 나만 믿고 따라와. 알았지?"

강효주 박사는 태풍이의 넉살에 어이없어 웃음이 나왔다.

"태풍아, 너 영어는 할 줄 아니?"

"영어는 못해도 돼, 보디랭귀지가 있으니까."

"아이고, 내가 말을 말아야지."

태평양을 건너는 비행기 안에서 강효주 박사는 하버드 대학교 초청 강연 걱정보다, 조카와 함께 즐거운 미국 여행을 할 수 있을지가 더 걱정이었다.

강효주 박사는 반신반의한 심정으로 스르르 잠이 들어 버렸다. 태풍이는 앞으로 미국에서 어떤 일들이 벌어질지를 상상하며 히죽거렸다.

꼬르륵. 태풍이의 배 속에서 갑자기 소리가 났다. 태풍이는 승무원을 향해 손을 흔들었다.

"저기요, 밥은 언제 줘요?"

앞으로 벌어질 태풍이와 강효주 박사의 좌충우돌 미국 여행은 어떻게 될까?

미국의 지리와 지형

미국은 세계에서 세 번째로 면적이 넓은 나라이다. 총면적이 9,833,517제곱킬로미터로, 한반도의 약 45배 크기이다. 미국 본토는 북쪽으로는 캐나다와 국경을 마주하고 있고, 남쪽으로는 멕시코와 국경을 마주하고 있다. 서쪽으로는 태평양, 동쪽으로는 대서양, 남동쪽으로는 카리브해를 접하고 있다. 미국 본토 이외에도 북아메리카 대륙 북서쪽 끝에 있는 알래스카, 태평양에 있는 하와이, 괌, 아메리칸사모아, 북마리아나제도와 카리브해에 있는 푸에르토리코, 미국령 버진아일랜드 등이 미국 영토에 속하거나 관할에 있다.

미국의 지형은 크게 세 가지로 구분할 수 있다. 하나는 태평양 연안의 환태평양 조산대에 속하는 험준한 습곡 산지로, 세계에서 화산 활동이 가장 활발한 지역이다. 두 번째는 대서양 연안에 가까운 애팔래치아산맥으로, 오랫동안 침식이 진전된 고기 조산대에 속하는 산지이다. 세 번째는 그 중간에 펼쳐진 넓은 내륙 평야로, 미시시피강 유역에 전개되어 있다.

미국의 수도

미국의 수도는 '워싱턴 컬럼비아 특별구'이며, 워싱턴 D.C.로 약칭된다. 이 특별구는 미국의 50개 주 어디에도 속하지 않는다. 맨 처음 미국의 수도는 뉴욕이었는데, 필라델피아로 옮겼다가, 마지막으로 지금의 워싱턴 D.C.가 되었다. 워싱턴 D.C.에는 백악관과 국회 의사당, 워싱턴 기념비, 링컨 기념관, 스미스소니언 박물관 등이 있다.

슈퍼 히어로

미국 할리우드를 대표하는 슈퍼 히어로의 시작은 1930년대 대공황 시절을 배경으로 한다. 경제적 고통과 부패가 만연하던 시대의 탈출구로 영웅이 만들어진 것이다. 그 뒤 1960년대 극심한 경쟁 위주의 산업 사회가 가져온 사회 구조적 문제점을 해결하기 위해서 다양한 상상력을 통해서 슈퍼 히어로들이 대거 등장하게 되었다. 1990년대에서 2000년대에 들어서며 슈퍼 히어로를 주인공으로 한 영화 산업의 흥행과 함께 슈퍼 히어로는 전성기를 맞으며 할리우드의 대표 브랜드이자 미국의 대표 브랜드가 되었다.

한국에서 열네 시간 정도 걸려 미국 뉴욕에 도착했다. 태풍이는 설레는 마음으로 미국에 첫발을 내디뎠다.

태풍이와 강효주 박사가 도착한 뉴욕은 뉴욕주 남동부에 있는 세계 대도시 중 하나이다.

뉴욕의 중심지는 인디언이 맨해튼이라고 부르던 섬이다. 맨해튼섬은 강한 암반 덕분에 주목을 받기 시작했다. 이 암반 덕택에 맨해튼섬에는 아무리 높은 빌딩을 지어도 지반이 흔들리지 않았다고 한다. 태풍이는 높은 건물들을 보며 말했다.

"고모, 여기가 바로 자유의 여신상이 있는 뉴욕 맞지?"

웬일로 제대로 된 정보를 알고 있는 태풍이에 강효주 박사는 만족한 듯한 웃음을 지어 보였다.

"우선 숙소에 들렀다가 그 뒤에 자유의 여신상 보러 가자."

뉴욕항 입구에 있는 작은 섬인 리버티섬에는 횃불을 높이 든 자유의 여신상이 있다. 태풍이는 머릿속에 자유의 여신상의 모습을 그려 보았다. 자유의 여신상이 한쪽 손을 번쩍 들고 있는 모습이 마치 캡틴 부메랑이 하늘을 날 때의 모습과 흡사해서 웃음이 났다.

"뭐가 그렇게 즐거워?"

강효주 박사가 태풍이에게 물었다.

"아냐, 아무것도."

태풍이는 캡틴 부메랑이 어디에선가 지켜보고 있을 것 같아서 기대감으로 가슴이 뛰었다.

태풍이와 강효주 박사는 숙소에 들러 짐을 놓고는 다시 밖으로 나왔다. 둘은 여행객을 운반하는 배인 페리를 타고 리버티섬으로 들어갔다. 태풍이와 강효주 박사는 시간과 체력을 아끼기 위해 배에서 내리지 않기로 하고, 페리의 갑판에서 자유의 여신상과 맨해튼 전경을 감상하였다. 배 위에서 바라보는 광경은 마치 동화 《잭과 콩나무》에서 나오는, 하늘로 쭉쭉 솟아오른 콩나무를 보는 것 같았다. 자유의 여신상이 눈앞으로 점점 다가오자 둘은 함께 사진을 찍었다.

"고모, 역시 자유의 여신상은 바다 위에서 보는 게 제맛이라니까!"

"이보게, 조카. 여기는 바다가 아니거든요."

"이렇게 넓은데 바다가 아니면 뭐야?"

태풍이가 놀라서 휘둥그레진 눈으로 제 고모를 쳐다봤다.

"허드슨강이야."

"뭐, 강이라고?"

"응, 허드슨강은 독립 전쟁의 흔적이 남아 있는 곳이야. 영국의 탐험가 허드슨이 발견해서 허드슨강이라고 불린대."

아는 척했다가 망신을 당한 태풍이가 민망해하며 이야깃거리를 돌렸다.

"고모, 미국 사람들은 넓은 땅에서 살아서 그런지, 모든 걸 크게 만드는 것 같아. 자동차도 크지, 햄버거도 크지, 그리고 여기 있는 동상도 크게 만들었잖아."

"여기 있는 자유의 여신상은 미국 사람이 만든 게 아니라, 프랑스 조각가 바르톨디와 토목 기사인 에펠이 만들었어."

미국 독립 100주년을 기념해 프랑스에서 선물한 자유의 여신상은 집게손가락 길이만도 2.44미터에 달한다고 강효주 박사가 설명했다.

"하하하, 어쩐지 자유의 여신상 옷이 프랑스풍인 것 같더라."

강효주 박사는 태풍이의 넉살에 웃음이 나왔다.

"그런데 고모, 금강산도 식후경이라는 말 알아?"

"녀석, 웬일로 조용하다 싶었다."

강효주 박사는 태풍이를 데리고 레스토랑에 갔다. 태풍이는 창가 쪽의 좋은 자리를 맡겠다며 급하게 레스토랑 안으로 들어가려고 했다. 하지만 이내 태풍이의 뒷덜미가 잡혔다.

"왜 그래, 고모?"

"여길 봐. 웨잇 투 비 시티드(Wait to be seated)라는 푯말이 보이지?"

"응. 어서 들어오라는 말 아니야?"

"아니야. 지배인이 올 때까지 기다리라는 뜻이야. 미국 레스토랑에서는 자리를 안내 받아야 들어갈 수가 있어."

태풍이는 다시 한 번 아는 척하다가 망신을 당할 뻔했다. 태풍이는 괜히 또 아는 척하다가 망신당할까 봐 음식 주문은 고모가 하는 대로 똑같이 시켰다. 음식은 상당히 만족스러웠다. 맛도 그렇고 양도 그랬다.

식사를 마치고 자리에서 일어나려는데, 강효주 박사가 테이블 위에 돈을 놓고 나갔다. 태풍이는 회심의 미소를 지었다.

"고모, 여기."

레스토랑을 나오며 태풍이가 돈을 내밀었다.

"이게 무슨 돈이야?"

"다 큰 어른이 돈을 흘리고 다니면 어떻게 해. 고모가 테이블에 흘리고 간 돈을 가지고 왔다고. 이래서 내가 고모를 꼭 챙겨야 한다니까."

"아이고, 머리야."

강효주 박사는 다급하게 레스토랑 안으로 들어가 돈을 다시 제자리에 놔두었다. 그리고 영문을 모르는 태풍이에게 돈의 용도를 설명해 주었다.

"태풍아, 미국에서는 음식을 날라 주는 종업원에게 음식값의 20퍼센트 정도를 팁으로 주어야 해."

"왜?"

"종업원들은 팁 받는 것을 고려해서 월급을 적게 받아. 그래서 종업원들이 팁에 의존하는 거야. 대신 음식값이 20퍼센트 정도 싸다고 생각하면 돼."

"아, 그렇구나."

배를 두둑하게 채운 태풍이와 강효주 박사는 다시 숙소로 향했다. 밤이 되자 화려한 불빛이 거리를 수놓았다. 태풍이는 혀를 내두를 수밖에 없는 전경에 마음을 빼앗겼다.

숙소에 도착한 태풍이가 먼저 샤워를 하기 위해 화장실에 들어갔다. 그리고 10여 분쯤 흘렀을까? 태풍이가 신경질을 내며 밖으로 나왔다.

"무슨 호텔 화장실에 배수구도 안 만들어 놨어?"

강효주 박사가 투덜거리는 태풍이를 바라보았다.

"왜? 무슨 일인데?"

"화장실에 배수구가 없잖아."

"뭐?"

강효주 박사는 화들짝 놀라 화장실로 달려갔다. 카펫으로 된 화장실 바닥은 이미 물로 축축이 젖어 있었다. 강효주 박사가 고개를 절레절레 흔들었다. 미국 화장실은 바닥에 대부분 물 빠지는 배수구가 없다. 그래서 욕조에서 샤워를 할 때에는 반드시 샤워 커튼을 욕조 안으로 들여놓고 해야 하는데, 이런 사실을 태풍이가 알 리 없었다. 강효주 박사는 미리 이야기해 주지 않은 자신을 탓하며 마른 수건으로 카펫의 물기를 빼기 시작했다.

"고모, 다음부턴 여행 경비 아끼지 말고, 배수구가 있는 좀 비싼 호텔에서 자자고."

바닥에 쭈그리고 앉아 카펫 물기를 빼던 강효주 박사는 너무 어이가 없어 헛웃음만 나왔다. 팔자에도 없던 화장실 물 빼기 작업, 드라이어 건조 작업까지 마치고 자리에 누운 강효주 박사는 그대로 곯아떨어졌다. 낯선 이국땅에서 맞는 첫날이 무척 고되었다.

Hi 미국에 대해서 알려 줄게

자유의 여신상

리버티섬에 있는 자유의 여신상은 미국 독립 100주년을 기념하여 프랑스에서 선물했다. 자유의 여신상에는 온 인류에게 던지는 상징적인 메시지가 숨어 있다. 자유의 여신상은 꿈과 희망을 가슴에 품고 대서양을 건너온 이민자들을 맞아 주었던 자유의 상징이었던 것이다. 머리의 뿔은 일곱 개 대륙을, 오른손 횃불은 '세계를 비추는 자유의 빛'을 상징한다. 왼손에는 독립 선언서를 들고 있다. 독립 선언서에는 미국 독립 기념일인 1776년 7월 4일이 적혀 있다.

미국의 팁 문화

미국에서는 웨이터, 객실 안내원, 배달원 등 서비스를 제공하는 사람들에게 팁을 주는 것이 관례라고 한다. 만약, 레스토랑이라면 총 음식 가격의 15~20퍼센트를 팁으로 남기는 것이 일반적이다. 보통 서비스 직원의 월급을 그만큼 낮게 책정하기 때문에 팁을 남  기지 않는 것은 매우 무례한 행동으로 여겨진다. 참고로, 햄버거 등을 파는 패스트푸드점이나 푸드 코트처럼 서빙을 하지 않는 식당은 팁을 줄 필요가 없다.

미국의 화장실

 미국은 욕실뿐만 아니라 공중화장실도 우리나라와 다른 점이 있다. 영화나 드라마에서 봤던 것처럼 미국 공중화장실은 아래가 뚫려 있다. 그래서 문이 닫혀 있어도 안에 사람이 있는지 없는지를 알 수 있다. 우리는 문을 노크하는 게 일반적이지만 그런 행동이 안에서 용변을 보는 사람에게 빨리 나오라고 재촉하는 행동이 될 수도 있기 때문에 미국에서는 사람이 안에 있는 게 확인되었다면 노크를 삼가는 게 에티켓이다.

"고모, 아침 먹으러 가자. 배고파."

태풍이와 강효주 박사는 조식을 먹기 위해 호텔 식당으로 갔다. 아침 식사는 뷔페식이었는데, 아침이라서 그런지 메뉴는 별로 없었다. 빵과 소시지, 신선한 과일, 시리얼, 음료가 전부였다. 하지만 태풍이의 테이블 앞에는 접시가 다섯 개나 쌓여 있었다. 강효주 박사는 주위 사람들을 의식하며 나직하게 말했다.

"태풍아, 조식이니까 그만 먹는 게 어떻겠니?"

"고모, 뉴욕은 물가가 비싸다고 했단 말이야. 무조건 많이 먹어서 배를 채워야 한다고."

이때 종업원들이 자기들끼리 뭔가 수군거리며 옆을 지나갔다. 태풍이는 자기를 욕하는 줄 알고 투덜댔다.

"아니, 뷔페에서 내가 먹을 만큼 먹는데 왜 수군거린대?"

강효주 박사는 종업원의 이야기를 살짝 엿들었다.

"태풍아, 아무래도 안 되겠다. 어서 일어나!"

"고모!"

강효주 박사는 객실로 돌아오자마자 텔레비전을 켰다.

"플로리다주를 강타했던 허리케인이 잠잠해진 것도 잠시, 이번에는 또 다른 허리케인이 버지니아주를 향했습니다. 집 앞에 있는 굵은 나무가 뿌리째 뽑히고 전봇대가 기운 모습입니다. 도시의 절반은 정전이 되었고 사람들은 차에 기름을 넣기 위해서 주유소에서 여덟 시간 이상을 기다려야 합니다."

식당에서 종업원들이 수군거렸던 이유는 허리케인 소식 때문이었다. 허리케인 보도에 태풍이는 투덜댔다.

"고모, 허리케인이 뉴욕에도 몰려오는 건 아니겠지? 이러다가 여행도 못 하게 되는 거 아니야? 짜증 나."

"태풍아, 아직까지 허리케인이 뉴욕으로 온다는 보도는 없지만, 행여 지금 허리케인이 뉴욕을 덮치면 많은 사람들이 피해를 입게 돼. 여행 일정이야 변경하면 되지만 인명 피해는……. 아무튼 걱정이다."

자연재해에 사람들이 피해를 입는다는 고모의 말에 태풍이는 불만을 가졌던 자신을 잠시 반성했다.

"내일 하버드 대학교로 가야 하는데, 별 문제 없겠지?"

강효주 박사는 혼잣말을 하며 태풍이와 예정했던 대로 어제와 오늘 이틀 동안 뉴욕을 돌아본 뒤 내일 하버드 대학교가 있는 뉴잉글랜드 지역으로 이동하는 일정을 진행하기로 했다.

뉴잉글랜드에는 미국에서 가장 유명한 대학들이 모여 있다. 예일 대학교는 코네티컷주의 뉴 헤이븐에 있고, 미국에서 가장 역사가 오래된 하버드 대학교는 매사추세츠주의 보스턴에 있다. 만약 버지니아주를 휩쓴 허리케인이 뉴욕까지 올라온다면, 보스턴도 안전지대는 아니었다.

"그런데 고모, 왜 허리케인이 생기는 거야?"

"허리케인은 주로 대서양 서부에서 발생하는 열대성 저기압이야. 많은 비를 동반하는 게 특징인데, 요즘은 허리케인이 더 자주 일어나고 위력도 세지고 있어. 전문가들은 그 이유로 지구 온난화를 들고 있어."

"지구 온난화가 왜?"

"고온의 날씨 때문에 바닷물이 더 많이 증발되어서 더 큰 허리케인이 되고, 이 수증기가 폭우로 이어지고 있다는 주장이지. 결국 사람들이 자연을 파괴한 탓에 사람들이 피해를 입는 거야."

태풍이는 뉴욕 센트럴 파크로 가는 동안 고모가 한 말이 잊히지 않았다. 사람들이 파괴한 자연 때문에 사람들이 고통을 당한다는 말이 왠지 모르게 마음에 남았다.

"태풍아, 여기 센트럴 파크는 뉴욕을 방문하는 사람은 누구나 한 번쯤 오는 곳이야. 심신이 지친 사람들의 휴식 공간인 셈이지."

"고모는 참, 이곳저곳 구경할 곳도 많은데, 공원에서 쉴 틈이 어디 있어?"

"센트럴 파크는 바쁜 뉴욕 사람들에게 '도심 속 오아시스'라고 불린대. 일단 한번 들어가 보자."

강효주 박사는 태풍이를 달래며 공원 안으로 들어갔다. 뉴욕 맨해튼에 있는 센트럴 파크는 맑은 공기와 아름다운 자연 경관을 자랑하고 있었다. 숲으로 둘러싸인 벤치에 기대앉은 둘은 하늘을 올려다보았다. 자연의 향기가 코끝을 기분 좋게 자극했다.

"아, 정말 좋다. 그렇지 태풍아?"

태풍이는 아무런 대꾸도 없이 조용했다. 강효주 박사가 태풍이를 돌아봤다. 태풍이는 하늘을 바라보며 자연을 감상하는 중이었다. 강효주 박사도 흐뭇한 미소를 짓고는 자연의 경관에 푹 빠져들었다. 그런데 얼마 뒤, 태풍이가 우렁차게 코를 골아 대기 시작했다.

"에이, 진짜."

강효주 박사가 어이없다는 듯 조카를 쳐다보았다.

벌써 늦은 오후가 되었다. 센트럴 파크에서 휴식을 취하며 시간을 보낸 태풍이와 강효주 박사는 충전된 몸을 이끌고 뉴욕의 거리를 다시 활보했다.

"태풍아, 여기가 미드타운이야."

"그게 뭔데?"

"맨해튼 14번가에서 59번가를 미드타운이라고 해. 우린 지금 록펠러 센터랑 엠파이어 스테이트 빌딩을 보러 갈 거야."

태풍이는 여러 개의 고층 빌딩을 보고는 입을 떡 벌렸다. 고개를 들어서 건물을 따라 시선을 올리고 올려 봐도 끝이 보이지 않았다.

"여기가 록펠러 센터야. 중심에 있는 저 빌딩이 GE 빌딩인데, 높이가 250미터가 넘는대."

"우리나라 63빌딩만 한 거야?"

"63빌딩의 지상 높이가 250미터가 조금 안 된다고 했으니까 63빌딩보다 더 높지. 그런데 여기보다 더 높은 곳이 있어."

고모의 말에 태풍이의 눈이 쏟아질 것처럼 커졌다. 강효주 박사는 눈과 입이 커다래진 태풍이를 끌고 조금 더 걸었다.

눈앞에 휘황찬란한 거리가 나왔다. 현란한 대형 광고판이 가득했고 사람들로 북적였다. 텔레비전에서만 보던 곳을 직접 눈으로 보니 신기했다.

"태풍아, 여기가 브로드웨이야."

"고모, 역시 미국은 모든 게 거대해!"

"아직 그렇게 놀라기는 이르다니까. 태풍아, 오랫동안 뉴욕을 상징해 온 엠파이어 스테이트 빌딩이야."

태풍이는 눈앞에 보이는 거대한 빌딩을 손으로 가리키면서 탄성을 내질렀다. 깜깜한 밤하늘에 유독 튀는 불빛이 엠파이어 스테이트 빌딩에서 뿜어져 나오고 있었다.

둘은 뉴욕 관광을 마치고 호텔로 돌아오는 길에는 지하철을 탔다. 뉴욕은 차가 많이 막히다 보니 택시나 버스를 타는 것보다 지하철을 타는 게 더 빨리 숙소로 돌아올 수 있는 방법이었다. 하지만 뉴욕의 지하철은 추천하고 싶지 않았다. 한국의 지하철만큼 안전해 보이지도 않고 깨끗하지도 않았기 때문이다.

"태풍아, 오늘 어땠어?"

"정말 좋았어. 그런데 너무 걸었더니……."

"배가 고프다 이거지?"

"응, 배에서 소리가 나."

"어쩌면 네 배꼽시계는 그렇게 정확하니?"

둘은 저녁을 먹기 위해 햄버거 가게에 갔다.

"고모, 난 햄버거 세트에, 햄버거 하나 더 추가!"

"태풍아, 다 먹을 수 있겠어?"

"남자라면 햄버거 두 개 정도는 먹어 줘야지."

하지만 태풍이는 햄버거를 하나밖에 먹지 못했다. 미국의 햄버거 크기는 우리나라에서 파는 햄버거의 두 배만 했기 때문이다. 결국 남은 햄버거는 포장해서 나왔다. 아쉬움을 뒤로하고, 이제는 숙소로 돌아가야 할 시간이 다가왔다.

숙소로 돌아가는 길에 태풍이는 길거리에 앉아 있는 노숙자 아저씨를 발견했다.

"고모, 미국에도 거지가 있나 봐."

태풍이는 귓속말로 강효주 박사에게 이야기를 했다.

"태풍아, 자꾸 빤히 쳐다보지 마."

"고모, 저 아저씨 배고파 보이는데 아까 남은 햄버거 드릴까?"

"그럴래?"

태풍이는 강효주 박사가 가방에서 포장된 햄버거를 꺼내 주자 잠시 망설이다가 이내 햄버거를 아저씨께 드렸다. 아저씨는 태풍이에게 햄버거를 받아 들더니 무척 기뻐했다. 그리고 돌아서려는 태풍이에게 주머니 안에서 배지를 하나 꺼내 내밀었다.

"어! 이건……."

태풍이의 눈이 왕방울만 하게 커지고, 입이 함지박만 하게 벌어졌다. 그건 캡틴 부메랑의 휘장이 새겨진 배지였다. 하지만 태풍이는 선물을 선뜻 받지 못하고 고모의 눈치를 보았다. 강효주 박사는 선물을 받으라고 고개를 끄덕였다. 태풍이는 아저씨께 배지를 받아 들고 고맙다는 인사를 했다.

"행운을 빈다."

물론 아저씨가 영어로 말했기 때문에 태풍이는 알아들을 수 없었지만 오는 길 내내 진짜 캡틴 부메랑을 만난 듯 환호성을 질렀다.

뉴욕! 뉴욕! 뉴욕!

1791년 필라델피아로 수도를 옮기기 전까지 미국의 초대 수도였던 뉴욕은 동부에 위치한 미국 최대의 도시이다. 현재 미국의 수도는 워싱턴 D.C.이지만, 오늘날에도 여전히 미국의 상업, 금융, 무역의 중심지로서 경제적 수도라고 할 수 있다. 또한 뉴욕 현대 미술관, 메트로폴리탄 미술관, 자유의 여신상, 브로드웨이, 센트럴 파크, 타임스 스퀘어 등 미국 문화의 중심지로도 중요한 역할을 하고 있다.

브로드웨이

뮤지컬의 본고장 브로드웨이는 바둑판 모양으로 질서 정연하게 놓인 42번가 중심의 맨해튼 길이다. 이 브로드웨이에 자리한 극장들을 중심으로 연극, 뮤지컬 등의 공연이 활발하게 상연되고 있다. 그래서 브로드웨이는 미국의 연극, 뮤지컬계를 일컫는 말로도 쓰이고 있다.

센트럴 파크

센트럴 파크는 뉴욕의 상징이자 세계에서 손꼽히는 도시공원이다. 1800년대 맨해튼의 도시화가 본격적으로 진행되면서 프랑스 파리의 불로뉴의 숲이나 영국 런던의 하이드 파크처럼 시민들을 위한 열린 공간의 필요성이 제기됨에 따라 만들어진 공원이다.

타임스 스퀘어

맨해튼 중심부에 있는 타임스 스퀘어는 브로드웨이와 42번가가 교차하는 거리로, 극장과 음식점 등이 즐비해 있다. 초기에는 롱에이커 스퀘어로 알려졌으나, 뉴욕 타임스가 이곳으로 오면서 현재의 이름이 되었다. 이곳에서는 해마다 새해를 향해 카운트다운을 하는 행사를 해서 12월 31일 밤이면 많은 인파가 몰려든다.

패스트푸드의 본고장 미국

세계 어디에서도 미국식 패스트푸드점과 콜라를 찾아볼 수 있을 정도로 햄버거와 콜라는 미국의 문화를 대변한다. 그중에서도 패스트푸드 하면 빼놓을 수 없는 것이 바로 세계적인 패스트푸드 체인점인 맥도날드이다. 맥도날드는 맥도날드 형제가 1949년 캘리포니아에서 식당을 열면서 주요 메뉴 중 하나로 햄버거를 선보이며 시작되었는데, 1954년 레이 크록이 맥도날드 형제에게서 식당 권리를 인수 받으며 빠른 속도로 미국 전역에 퍼져 나갔다. 특히 전 세계 각국 맥도날드에서 팔리는 빅맥의 가격을 통해서 각국의 물가 및 구매력을 예측하는 빅맥 지수라는 경제 용어가 있을 정도이다. 패스트푸드의 제국이라고 불리는 미국이지만, 그 이면에는 성인의 절반 이상, 어린이의 4분의 1 정도가 비만이거나 과체중이라는 문제가 있다. 그래서 패스트푸드점 음식의 열량 표시를 의무화하고, 패스트푸드 광고 제한의 필요성을 주장하는 등의 움직임이 일어나고 있는 추세이다.

미국의 명문 대학 모임, 아이비리그

아이비리그는 미국 북동부 지역의 여덟 개 명문 사립 대학, 하버드, 예일, 펜실베이니아, 프린스턴, 컬럼비아, 브라운, 다트머스, 코넬 대학교를 통틀어 부르는 말이다. 오랜 역사를 지닌 이들 대학의 건물들이 담쟁이덩굴인 아이비로 덮여 있는 모습에서 '아이비'라는 명칭이 유래되었다고 전해진다.

5

"뉴저지까지 상륙한 허리케인이 도시 전체를 집어삼키고 있습니다. 폭우를 동반한 강풍으로 인해 차가 뒤집히고, 입간판과 같은 철제들이 마구 나뒹구는 등 아비규환에 가까운 모습을 보이고 있습니다."

텔레비전 소리에 눈을 뜬 태풍이는 채 뜨이지 않는 눈을 하고는 소리가 나는 쪽을 쳐다봤다. 텔레비전을 가득 채운 화면을 보고 태풍이가 자리에서 벌떡 일어났다.

"고, 고모!"

숙소 창을 때리는 빗소리가 심상치 않았다.

태풍이의 외침에 심각하게 뉴스를 보던 강효주 박사가 뒤를 돌았다.

"저, 저거 여기 아니지? 설마 뉴욕이 저런다는 건 아니지?"

태풍이가 겁에 질린 목소리로 물었다. 창밖에서 들려오는 바람 소리도 무시무시했다.

"뉴욕은 아니고 뉴저지인데, 뉴욕 바로 밑이야."

"물이 계속 불어나면서 주요 고속 도로가 잠겼습니다. 대양 표면의 과열된 수증기를 빨아들인 허리케인이 엄청난 폭우를 동반하고 있습니다. 수천 킬로미터의 대서양을 건너 비를 운반해 뉴저지에 뿌리고 있는 이 허리케인이 지속되면 사망자가 더 늘어나고 수십억 달러의 재산 손실을 가져올 것으로 보입니다."

강효주 박사가 심각한 표정으로 말했다.

"원래는 보스턴까지 비행기를 타고 가려고 했는데, 이런 날씨면 비행기가 못 뜰 것 같아. 버스를 알아봐야 할 것 같아."

강효주 박사가 차편을 알아보는 동안 태풍이는 텔레비전 화면을 계속해서 바라봤다. 그러다 문득 미국으로 오기 전에 봤던 다큐멘터리가 생각났다.

'극에 달한 자연의 분노는 건물을 갈기갈기 찢고 도시를 물바다로 만들며 수천 명의 목숨을 앗아 갑니다. 허리케인은 지구에서 볼 수 있는 가장 치명적이고 강력한 현상이죠.'

태풍이는 지금 자신이 보고 있는 텔레비전 속 아수라장이 정말 자연의 분노 같아서 무서운 생각이 들었다.

"태풍아, 됐다. 버스로 가는 방법이 있어. 아직 뉴욕은 버스로 이동해도 될 만하다니까 오늘 버스로 가면 되겠다. 원래는 네 시간 조금 넘게 걸리는데, 지금 비가 오니까 조금 더 걸릴 수도 있겠어. 그렇지만 다행이지. 하마터면 강연도 못 하러 갈 뻔했지 뭐니."

태풍이와 강효주 박사는 서둘러 짐을 챙기고 버스를 타러 갔다. 보스턴에 가려고 했던 사람들이 꽤 있었는지 버스 안에는 생각보다 사람들이 많았다.

"고모, 버스 위 천장으로 밖이 보여."

천장으로 비가 내리는 게 다 보였다. 비는 점점 거세지는 느낌이었다. 저러다가 천장을 뚫을 것만 같아서 태풍이는 이런 날씨에 굳이 보스턴으로 가야 하나 싶었다. 고모가 하버드 대학교 강연을 취소하면 되지 않을까 하는 생각도 들었다. 하지만 이내 뉴욕에서 혹시 모를 허리케인을 맞닥뜨리느니 이 비를 뚫고 보스턴에 가는 편이 낫겠다는 생각이 들었다.

뉴욕을 빠져나오고 고속 도로를 막 달리려던 참이었다. 하늘은 아침보다 훨씬 어두워졌다. 그 와중에 창밖으로 양키 스타디움이 보였다. 평소 야구를 좋아하는 태풍이가 잠시 양키 스타디움에 정신이 팔렸을 때였다. 갑자기 사람들이 웅성거리기 시작했다.

"고모, 무슨 일인데?"

사람들이 하는 말에 귀를 기울이던 강효주 박사가 갑자기 서두르기 시작했다.

"태풍아! 나가야 해."

"그게 무슨 소리야?"

버스가 갑자기 섰다. 사람들이 자리에서 벌떡 일어나고, 옆에 잠들어 있던 사람들을 깨우고, 짐을 챙기고…… 허둥지둥하는 사람들 틈바구니에서 태풍이는 어리둥절했다. 이런 난리를 겪어 보지 못했던 터라 어떻게 해야 좋을지 몰랐다.

아침부터 쏟아지던 비는 몇 시간도 안 되어 이제는 우산이 소용없을 정도였다. 바람도 점점 거세졌다.

"으아아아! 고모, 우산!"

우산은 금세 거센 바람에 뒤집혔다. 비에 다 젖은 몸은 휘몰아치는 바람에 오돌오돌 떨렸다.

"저 사람들 위험한데……."

둘은 조금 지대가 높은 곳에서 잠시라도 비를 피하기 위해 버스에서 내려 양키 스타디움으로 향했다. 하지만 이런 난리 중에도 차를 몰며 도로를 빠져나가려고 하는 사람들이 보였다.

"저게 가장 어리석은 생각이랬어."

강효주 박사가 여전히 차를 몰고 가는 사람들을 보며 말했다. 비가 들어차는 초기 단계에는 사람들이 차를 몰고 갈 수 있다고 생각하며 스스로를 위험에 빠뜨리는 일이 흔하다고 했다.

아침에 텔레비전 뉴스에서 봤던 화면들이 이제 뉴욕에서 시작되고 있는 것 같았다. 세찬 비바람 때문에 앞으로 나아가기가 힘들었다. 이제 빠져나가는 물보다 내리는 비가 더 많은지 바닥에 물이 차오르는 정도가 되었다. 그나마 계단이 있어서 위로 올라갈 수 있는 양키 스타디움으로 어서 빨리 가야 했다. 하지만 눈앞의 양키 스타디움으로 향하는 길이 그렇게 멀 수가 없었다.

겨우 양키 스타디움으로 들어온 사람들은 추위에 덜덜 떨었다. 비는 계속해서 퍼붓고 있었고 바람도 심했다. 이미 맨해튼을 벗어난 상태라서 다시 호텔로 돌아갈 수도 없었다. 이도 저도 못하는 신세가 되어 버린 태풍이와 강효주 박사는 서로 부둥켜안고는 구조를 기다릴 수밖에 없었다.

"으아아아!"

사람들이 일제히 소리를 질렀다. 경기장의 구조물이 거센 바람 때문에 덜컹거렸다. 허리케인을 비롯한 자연재해를 겪어 봤던 사람들은 밀려오는 공포로 얼굴이 하얗게 질렸다. 또다시 바람 소리가 무섭게 들려오더니 구조물이 들썩였다. 태풍이와 강효주 박사도 겁에 질려 안절부절못했다.

그때 태풍이는 어제 햄버거를 나누어 준 노숙자 아저씨가 준 배지가 생각났다. 아저씨가 주었던 캡틴 부메랑의 휘장이 새겨진 배지를 손에 쥐고는 태풍이는 다급하게 기도를 했다.

"살려 주세요. 앞으로 착하게 살게요. 이젠 아는 척도 안 하고, 어른들 말씀도 잘 들을게요."

몇몇 사람들도 두려운 마음에 두 눈을 꼭 감고 기도를 했다. 물은 점점 차

오르고 있었고 바람이 또 한 번 거세게 몰아쳤다. 태풍이는 이대로 미국에서 죽는 게 아닐까 하고 생각했다.

"어! 캡틴 부메랑!"

누군가가 소리쳤다.

태풍이는 너무 놀라 눈이 커지고, 입이 다물어지지 않았다.

나타났다, 캡틴 부메랑!

텔레비전에서만 봤던 캡틴 부메랑이 진짜로 태풍이의 눈앞에 나타난 것이다.

"어어! 구조물이 떨어져요!"

누군가의 외침과 함께 세찬 바람에 휘청이던 구조물이 떨어지고 있었다. 캡틴 부메랑은 부메랑을 날려서 구조물을 맞추었다. 하마터면 사람들 머리 위로 떨어질 뻔한 구조물이 캡틴 부메랑의 부메랑 덕분에 멀리 날아갔다. 커다란 소리가 울렸다. 순식간에 벌어진 일이었다. 태풍이는 여전히 이게 꿈인지 생시인지 구분이 되지 않았다.

하지만 그것도 잠시, 또 한차례 거센 바람이 불어왔다.

"어, 조심해요!"

태풍이가 외쳤다.

캡틴 부메랑 머리 위로 구조물 파편이 날아왔다. 이번에 파편은 그대로 캡틴 부메랑의 머리를 강타했다.

캡틴 부메랑의 마스크가 산산조각 나며 부서졌다. 그리고 드러난 캡틴 부메랑의 얼굴에 태풍이는 깜짝 놀랐다.

"여…… 여자였어!"

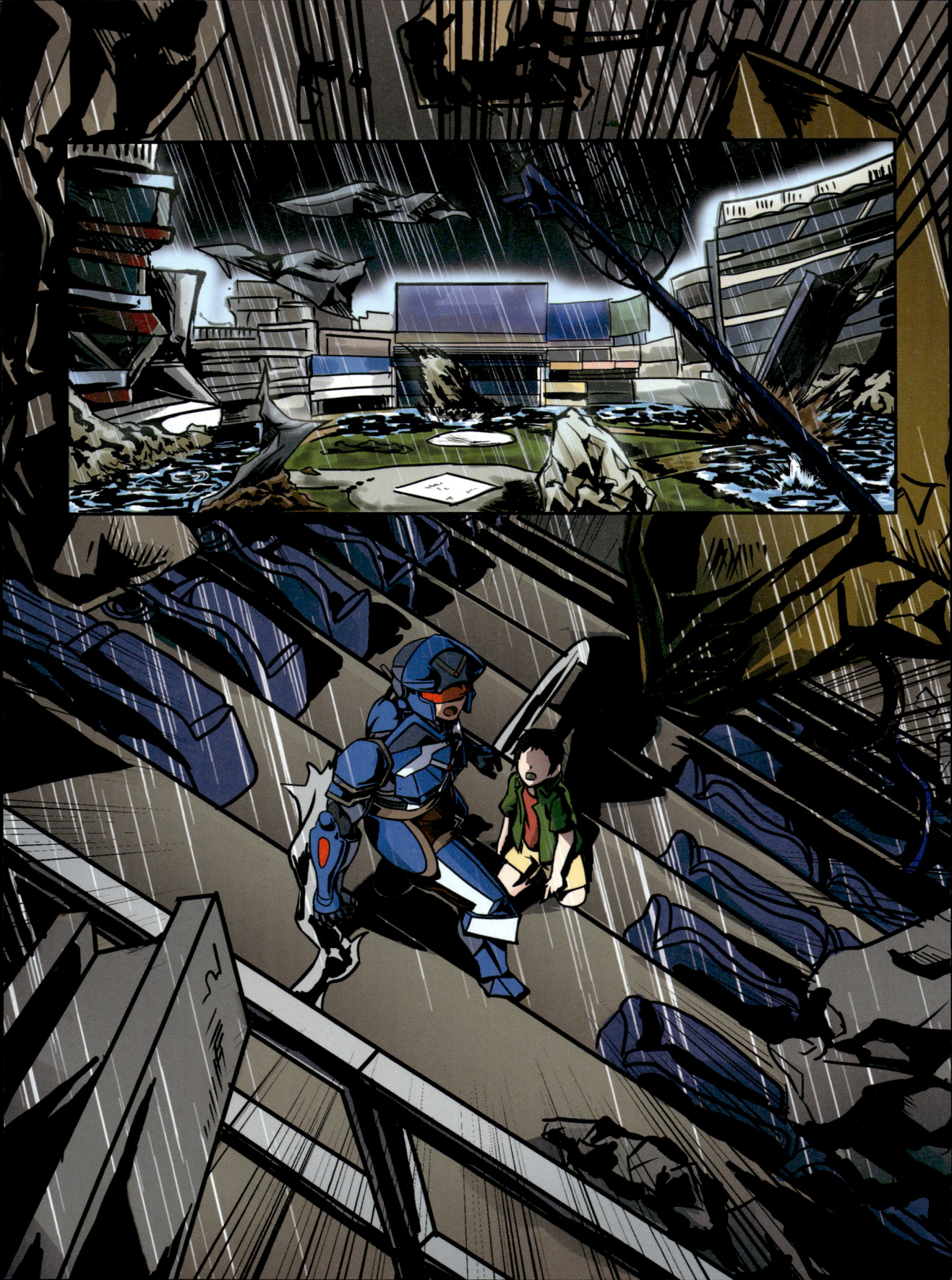

메이저 리그

미국 프로 야구의 아메리칸 리그와 내셔널 리그를 아우르는 말로, 빅 리그라고도 한다. 아메리칸 리그 소속 15개 팀과 내셔널 리그 소속 15개 팀 등 총 30개 팀으로 이루어져 있으며, 독특하게 캐나다 토론토를 연고지로 한 팀이 동부 지구에 속해 있기도 하다. 각각 동부 지구, 중부 지구, 서부 지구로 나뉘어 정규 시즌을 치른다. 정규 시즌이 끝나면 최종 월드 시리즈를 통해 우승팀을 가리게 된다. 메이저 리그는 전 세계 야구 선수들의 꿈의 무대이기도 하다. 메이저 리그 역사상 가장 많은 월드 시리즈 우승을 차지한 구단은 뉴욕 양키스이다.

양키 스타디움

명문 구단 뉴욕 양키스의 홈구장이자 메이저 리그를 상징하는 야구장이라고 할 수 있다. 현재 사용하고 있는 양키 스타디움은 새로 지어진 구장이지만, 1923년부터 2008년까지 사용하였던 과거의 양키 스타디움과 최대한 비슷하게 만들어 전통

©LawrenceFung from wikimedia

과 역사를 그대로 느낄 수 있다. 양키 스타디움은 전 세계 야구팬들이라면 한 번쯤은 가 보고 싶어 하는 야구 관광 명소이다.

미국의 자연재해

넓은 국토 면적을 자랑하는 미국은 동서남북으로 다양한 기후가 나타난다. 그러다 보니 지역별로 발생하는 자연재해의 유형도 다양하다. 뉴욕, 워싱턴, 마이애미 등이 위치한 동부 해안 지역에서는 허리케인이 가장 대표적인 재해이다. 북쪽 지역에서는 한파가 극성을 부리며, 중부 지역에서는 토네이도, 서부 지역에서는 지진과 산불 등이 일어나곤 한다. 넓은 국토에서 다양한 자연재해가 발생하다 보니 그 피해도 어마어마한데 허리케인, 토네이도 같은 폭풍의 피해가 가장 크다. 그래서 자연재해를 극복하기 위한 대피소와 재난 경보기, 로봇 슈트 같은 새로운 제품과 최신 기술도 끊임없이 등장하고 있다.

미국의 교통수단

미국은 넓은 국토 때문에 서부 샌프란시스코에서 동부 워싱턴까지 국내 이동도 비행기로는 약 다섯 시간 정도이며, 자동차로 쉬지 않고 가면 꼬박 43시간 이상을 가야 할 정도이다. 그렇기 때문에 도시에서 도시로 이동할 때에는 비행기를 이용하는 것이 가장 빠르고 편하며, 그다음으로는 버스와 기차이다. 버스로는 도시와 도시 사이를 연결하는 긴 노선이 다양하게 짜여 있는 '그레이하운드'와 '볼트버스', 도시와 도시, 주와 주 사이를 이동하는 데 편리한 '메가버스' 등이 있다. 중거리에서 장거리까지 미국 500개 이상의 도시를 연결하는 철도 서비스인 '암트랙'은 캐나다까지 연결되어 있다. 미국 대도시 내에서 이용이 가능한 교통수단으로는 지하철이 있다. 뉴욕, 로스앤젤레스, 보스턴, 샌프란시스코, 시카고, 애틀랜타, 워싱턴 등에서 이용이 가능하다. 그 외의 도시에는 지하철이 없고 버스 정류장의 간격이 워낙 넓어서 자동차를 몰고 다니는 경우가 많다.

ⓒTdorante10 from wikimedia
ⓒAdam E. Moreira from wikimedia
ⓒSteinsky from wikimedia

하버드 대학교 강당에서 강효주 박사는 많은 사람들 앞에서 강연을 했다. 태풍이는 고모의 강연 내용이 어렵기도 했지만, 영어로 말해서 전혀 알아듣지 못했다. 하버드 대학교는 전 세계에서 알아주는 명문 대학이라고 고모가 말했다. 그런데 이런 대학에서 고모가 강연을 하다니, 정말 놀라운 일이었다. 감동스러웠다. 그리고 자랑스러웠다. 잔소리꾼인 줄만 알았던 고모가 이렇게 훌륭한 사람이었다니! 말은 못 알아들어도 그거 하나는 확실히 알 수 있었다.
　강효주 박사가 강연을 마치자, 태풍이는 자신도 모르게 제일 먼저 일어나 박수를 쳤다. 앞으로 고모 앞에서 아는 척하지 말아야지 다짐하면서 말이다.
　강연을 마치고 강효주 박사와 함께 태풍이는 하버드 대학교 캠퍼스 이곳저곳을 구경하였다. 마지막으로 하버드 동상 앞에 섰다. 하버드 동상의 발을 만지면 하버드에 꼭 다시 돌아온다는 전설이 있다고 고모가 태풍이에게 이야기해 주었다. 태풍이는 동상의 양발을 쉴 새 없이 만지며 중얼거렸다.
　"나도 고모처럼 훌륭한 사람이 되어서, 다시 하버드 대학교에 올 수 있게 해 주세요."
　멀찍이 서 있던 강효주 박사가 주위의 눈치를 살피며 말했다.
　"강태풍, 그만 좀 하지."

교정을 나서며 강효주 박사가 태풍이에게 물었다.

"동상에 대고 뭐라고 그렇게 중얼거렸니?"

"비밀."

태풍이는 싱긋 웃으며 대답을 피했다.

숨 가쁘게 달려온 일정으로 피곤해진 두 사람은 보스턴을 천천히 둘러보며 여유를 가졌다. 보스턴은 역사적인 도시답게 아기자기하고 고풍스러워서 사색하기 좋은 도시였다. 공원 벤치에서 담요를 덮고 나란히 앉은 둘은 붉은 노을을 바라보았다.

어제의 그 소동은 마치 꿈만 같았다. 과연 그런 일이 벌어진 게 맞을까 하는 생각이 들 정도였다.

시간이 얼마나 흘렀을까? 어디선가 작은 소리가 들렸다.

드르렁 드르렁.

태풍이가 옆을 돌아보았다. 강효주 박사가 낮게 코를 골며 자고 있었다. 바뀐 일정으로 빡빡했던 여행과 강연 때문에 많이 피곤했을 것이다. 태풍이는 고모를 보고 미소 지으며 고모가 깨지 않게 조용히 담요를 덮어 주었다. 그리고 자리에서 일어나 천천히 걷기 시작했다.

보스턴

'미국의 아테네'라고 불리는 보스턴은 미국 북동부 매사추세츠주의 주도이며, 항만 도시이다. 미국에서 가장 역사가 오래된 도시로, 1773년 보스턴 차 사건이 일어나며 미국 독립 전쟁의 발단이 된 곳이다. 보스턴 근교 케임브리지에는 하버드 대학교가 있다.

하버드 대학교

매사추세츠주 케임브리지에 위치해 있는 사립 종합 대학이다. 아이비리그에 속하는 명문 대학으로 1636년 설립되었으며, 미국에서 가장 오래된 대학교이다. 미국 대통령과 대법관, 노벨상 수상자를 다수 배출했다.

캐나다

1

"폭설 주의보가 수요일 오후, 에드먼튼 지역을 포함한 앨버타 북부 지역에 내려진 가운데, 밴프 국립 공원을 비롯한 캔모어, 카나나스키스 지역에도 발령되었습니다. 캐나다 환경청에 따르면 현재 눈구름이 루이스 호수를 지나 카나나스키스 지역을 통과하고 있으며 오늘 저녁까지 최대 15센티미터가 내릴 수 있다고 말했습니다."

지오는 캐스터가 보도를 하고 있는 중에도 계속해서 캐스터 어깨에 쌓이는 눈을 보며 걱정에 빠졌다.

"엄마, 삼촌 오면 내가 캐나다 소개해 주기로 했는데 어떡하지? 삼촌이 한국에서 캐나다로 올 수나 있는 거야? 설마 여기 토론토도 폭설에 파묻히는 건 아니겠지?"

평소에도 걱정이 많은 편인 지오는 뉴스를 보는 내내 손톱을 물어뜯었다.

이번 주말에 삼촌이 한국에서 놀러 오기로 했다. 지오는 어릴 적 삼촌과 같이 살았고, 나이 차이도 많이 나지 않기 때문에 삼촌과의 사이가 각별했다. 지오네 집이 지오의 교육 문제로 캐나다로 이민을 온 뒤에도 삼촌과는 종종 메일로 연락을 했지만, 이렇게 얼굴을 보는 건 처음이었다.

지오는 자연에 관심이 많았다. 어릴 적부터 텔레비전이나 컴퓨터 게임보다는 할머니가 사는 시골집에서 노는 것을 좋아했다. 강원도 뒷산을 오르내리고, 할머니랑 산에서 나는 식물들을 구경하러 다니는 게 좋았다. 방학마다 삼촌과 낚시하러 다니는 게 좋았고, 서울에서는 볼 수 없는 곤충들을 찾는 게 즐거웠다. 밤이면 삼촌과 시골길을 걸으며 밤하늘에 총총 떠 있는 별들을 구경하는 것도 방학 일과 중의 하나였다.

그렇게 자라 온 지오의 꿈은 과학자였다. 아직 어떤 분야를 공부할지 정한 것은 아니지만, 지구에 관한 것이든, 생물이든, 지오는 과학에 대해 공부하고 싶었다.

지오는 한국에서 삼촌과 헤어질 때 얼마나 슬퍼했는지 모른다. 어린 지오는 삼촌의 허리를 붙잡고 공항에서 엉엉 울었다. 그런 삼촌이 캐나다에 온다는 거였다. 지오는 소식을 전해 듣고는 몇 년 만에 삼촌을 본다는 기쁨에 어쩔 줄을 몰랐다. 게다가 삼촌은 캐나다에 오는 게 처음이라고 했다. 그런데 갑자기 캐나다에 폭설이 내리기 시작한 것이다.

"갑자기 내리는 폭설은 운전자들의 시야를 방해할 수 있으니 운전에 각별히 주의해야 합니다. 현재 폭설 주의보가 내린 지역은 아래와 같습니다."

계속되는 뉴스에 지오는 엄마에게 한 번 더 물었다.

"엄마, 저거 봐. 저렇게 많은 곳에 폭설 주의보가 내렸대. 우리는 괜찮겠지, 그치?"

"어휴, 우리 걱정이가 또 걱정이 시작됐어? 저기는 앨버타주잖아. 우리는 온타리오주고. 괜찮아. 걱정하지 마."

앨버타주에 있는 캘거리에서 온타리오주의 토론토까지는 비행기로도 네 시간 정도가 걸린다. 그렇게 먼 거리에 있는데도 지오는 앨버타주에 내린 눈이 자신이 살고 있는 토론토까지 덮치는 게 아닌가 싶어서 걱정이 되었다.

엄마는 괜찮다고, 괜한 걱정이라고 했지만 그날 밤 지오는 두 번의 꿈을 꿨다.

첫 번째 꿈은 폭설로 인해서 오도 가도 못하는 상황에 빠지는 꿈이었다. 꿈에서 지오는 눈이 오기 시작한 첫날, 친구들과 재미있게 눈사람도 만들고 눈싸움도 했다. 하지만 눈은 이틀이 되어도, 사흘이 되어도 그치지 않고 계속되었다. 그러자 조금씩 걱정이 되기 시작했다. 눈은 지오네 집뿐 아니라 마을을 둘러싸 버렸고 이동이 쉽지 않아졌다. 결국 집에 있던 식량도 다 떨어지는 사태가 벌어졌다. 사람들은 배고픔에 허덕였지만, 마트에도 갈 수 없는 처지가 되어 배를 움켜쥐며 고통스러워했다.

지오는 놀라서 눈을 번쩍 떴다. 자신이 침대 위에서 몸을 둥글게 말고는 배를 움켜쥐고 있는 것을 알아차리자 등 뒤로 식은땀이 주르륵 흘러내렸다. 하지만 이내 꿈이라는 것을 깨닫고 안도의 숨을 내쉬었다. 지오는 곧 다시 잠에 빠졌다.

하지만 바로 이어서 두 번째 꿈을 꿨다. 커다란 눈덩이가 지오를 덮치는 꿈이었다. 삼촌과 함께 공원에 갔는데, 저 위에서 작은 눈덩이가 구르기 시작하더니 점점 커지며 지오와 삼촌을 향해 굴러왔다. 지오와 삼촌은 꿈속에서 밤새 눈덩이를 피해서 달리고 또 달렸다.

결국 지오는 소리를 지르며 잠에서 깼다. 꿈이 현실처럼 생생했다. 지오는 이마에 송골송골 맺힌 땀을 닦아 내며 겁에 질려서 어깨를 움츠렸다.

'설마 꿈에서와 같은 일이 일어나지는 않겠지?'

그날 밤 지오는 더 이상 잠을 이루지 못했다.

Hi 캐나다에 대해서 알려 줄게

캐나다

북아메리카 대륙 북쪽에 위치한 캐나다는 넓은 국토와 풍부한 자원을 가진 나라이다. 국명인 캐나다(Canada)는 원주민어로 '마을', '정착지'를 뜻하는 카나타(Kanata)에서 유래했다. 국토 면적은 9,984,670제곱킬로미터로, 한반도의 약 45배 크기이다. 인구는 약 3700만 명이며, 인구의 80퍼센트 이상이 미국과의 국경에서 가까운 남쪽 지역에 거주한다. 영어와 프랑스어를 공용어로 사용하며, 영국계와 프랑스계의 이민자들과 캐나다 원주민을 비롯한 세계의 다양한 민족들이 모여 이뤄진 다문화 국가이다.

연방 국가

캐나다는 과거 영국의 지배를 받았으나 영국으로부터 독립하였다. 하지만 영연방 국가로 남아 현재 공식적인 캐나다의 국가 원수는 영국 국왕(여왕)이다. 따라서 캐나다의 정치 체제는 입헌 군주제이다. 하지만 영국 국왕은 영국에서와 마찬가지로 캐나다에서도 상징적인 존재일 뿐이다. 또한 캐나다에는 영국 국왕을 대리하는 총독이 있으며, 각 주마다 총독 대리가 있다. 캐나다가 영국 식민지였을 때에는 총독이 실제로 캐나다를 다스렸으나, 오늘날 총독은 조언자 역할을 하는 정도의 명예직에 불과하며, 실제로 국가를 다스리는 것은 캐나다 총리이다.

캐나다 지형

캐나다는 크게 브리티시컬럼비아주에서 북쪽으로 뻗어 있는 동부 산지, 중앙 대지, 해안 산지, 세 가지 형태로 나뉘며 높은 지대에서는 산악 빙하를 볼 수 있다. 동쪽으로는 대서양과 접해 있으며, 서쪽은 알래스카와 태평양, 북쪽은 북극해, 남쪽은 미국과 접하고 있다. 침식에 의한 빙하호와 피오르가 많으며, 태평양 연안 지역은 코스트산맥, 캐나디안 로키산맥 등이 뻗어 있고 중부는 대평원으로 중부 이남은 곡창 지대이다. 이들 평지에는 과거 빙하의 침식을 받은 많은 호수들이 여러 곳에 흩어져 있다. 서부는 비교적 낮고 완만한 산지를 이루고 있다. 북극해 제도 및 허드슨만의 넓은 지역은 툰드라 지대로 사람이 살기 힘든 환경이다.

앨버타주

캐나다 서쪽에 있는 주로, 주의 대부분은 로키산맥 동쪽 기슭의 초원이며, 북부는 침엽수림대가 펼쳐진다. 중남부는 전형적인 농업 지대로 대규모 밀밭과 목장이 있다. 1947년 석유가 발견된 뒤부터는 농업보다 공업이 발달하면서 인구가 급격히 늘었다.

앨버타 주립 공룡 공원

앨버타주 남동부에 있는 주립 공원으로, 총면적은 66제곱킬로미터이다. 1889년 고고학자 T.C. 웨스턴이 공룡 화석을 발견한 뒤, 현재까지 25종 이상의 공룡 뼈 화석이 발굴된 지역이다. 또한 어류, 거북류, 양서류 등의 화석도 함께 발견되었다. 1979년에 유네스코 세계 문화유산 목록 가운데 자연공원으로 등록되었다.

블랙풋 크로싱 역사 공원과 인디언

북아메리카 대륙에는 과거 오랜 기간 이 땅의 주인으로 살아온 원주민들이 있었다. 특히 식시카(Siksika) 원주민은 오늘날의 미국 몬타나 지역과 캐나다의 앨버타 지역에 거주했다. 붉은 얼굴 분장을 해서 빨간 피를 의미하는 더 블러드(The Bloods)라고 불리기도 하지만, 이들의 가장 널리 알려진 이름은 블랙풋(Blackfoot)이다. 바로 검은 모카신을 즐겨 신었기 때문이다. 블랙풋 크로싱 역사 공원은 수천 년간 이어져 온 블랙풋의 역사를 기린다.

2

어젯밤 꿈 때문에 잠을 설친 지오는 아침부터 자연 다큐멘터리를 시청 중이었다.

"눈사태는 무시무시하고 파괴적인 자연의 힘이다. 눈과 얼음이 산기슭을 따라 내려오며 길목의 모든 걸 덮친다. 눈사태의 맹렬함을 견딜 수 있는 건 없다. 여러 차례 수천 명의 생명을 앗아 갔고, 도시와 마을을 쓸어 버렸으며, 광대한 지역을 파괴했다."

자연에 관심이 많은 지오는 종종 자연 다큐멘터리를 봤다. 오늘은 어쩌다 보니 눈사태에 대한 프로그램이었다. 눈에 덮인 산은 사진이나 그림으로 볼 때에는 장관이지만, 어느 순간 자연의 무서운 힘으로 변한다는 것을 알 수 있었다.

"눈사태는 알프스에서 히말라야까지, 로키산맥에서 안데스산맥까지 경고도 없이 일어나서 피할 시간조차 주지 않는다."

내레이션과 함께 눈으로 뒤덮인 로키산맥이 화면에 나왔다. 지오는 그 장면을 보자 또 겁이 나기 시작했다. 전날 폭설에 대해 보도되었던 앨버타주 서쪽으로 로키산맥이 지나가기 때문이다. 평원과 로키산맥의 대비가 앨버타주의 큰 매력인데, 그보다 앨버타주가 더 주목받는 이유는 바로 공룡 화석 때문이다.

지오는 삼촌이 오면 공룡과 아메리카들소를 쫓아 생활하던 인디언의 역사를 접할 수 있는 앨버타주의 평원을 여행하고 싶은 마음이 있었다. 그런데 갑작스럽게 폭설이 오는 바람에 그 계획은 물거품이 되고 말았다.

"지오야, 아침부터 또 다큐멘터리야? 그만 보고 삼촌 마중 나갈 준비해야지. 늦겠다."

엄마가 리모컨으로 화면을 정지시키며 말했다. 그러고는 지오를 욕실로 밀어 넣었다.

"삼촌!"

공항에서 만난 지오와 삼촌은 마치 이산가족이 상봉이라도 하듯 애틋한 모습이었다. 지오와 같이 공항에 삼촌을 맞이하러 나온 엄마가 둘의 모습을 보고 미소를 지었다.

"삼촌 잘 지냈어? 오는 길은 힘들지 않았어?"

"열세 시간 넘도록 비행기 안에 있으려니 지루해서 혼났어. 영화 보고 기내식 먹고 이러는 것도 몇 시간이지. 오는 내내 자다 깨다만 반복했다니까."

삼촌은 긴 팔을 쭉 뻗으며 기지개를 켜는 시늉을 했다.

"먼 길 오느라 고생했네."

엄마가 삼촌에게 말했다.

"괜찮아. 지오를 만날 수 있다면 이건 고생도 아니지. 지오 잘 지냈지? 누나도 잘 지냈고?"

삼촌의 너스레에 지오와 엄마는 웃어 보였다.

공항을 빠져나오면서 지오는 삼촌 옆에서 조잘조잘 떠들었다.

"삼촌, 따로 여행 일정 적어 놓은 거 있어? 내가 안내해 줄게. 나 삼촌한테 캐나다 여기저기 보여 주려고 공부도 많이 해 놨어."

삼촌은 그런 지오가 기특해서 머리를 쓰다듬어 주었다. 그러고는 가방에서 공책 한 권을 꺼내서 지오에게 내밀었다.

"이게 뭔데?"

지오가 공책을 받아 들며 물었다.

"여행 일정 적어 놓은 거. 하하, 삼촌은 CN 타워에 가 보고 싶어. 토론토의 상징이라고 불린다며."

삼촌이 걸으면서 말했다. 지오는 공책을 펴지도 못한 채 삼촌을 바라보며 이야기를 들었다.

토론토에는 높이로 손꼽히는 CN 타워가 있다. 그곳 전망대가 360도로 천천히 회전하기 때문에 토론토의 전망을 모두 내려다볼 수 있는 것으로 유명하다.

"그래, 삼촌. 맑은 날은 전망대에서 토론토 시내 전경은 물론, 나이아가라 폭포까지 볼 수 있대. 내가 거기는 꼭 데려가 줄게."

어차피 운전은 엄마나 아빠가 할 테지만, 지오는 마치 자신이 삼촌을 데리고 가는 것처럼 말했다.

"바닥이 유리로 된 곳이 있다며?"

"응, 나는 엄청 무서울 것 같은데 사람들은 거기에서 사진도 많이 찍더라고. 그리고 타워 바깥 둘레를 구명삭을 매고 걷는 엣지 워크라는 체험 프로그램도 있대. 그것도 볼만할 것 같아."

삼촌은 자신이 알아본 것에 대해 들떠서 설명하는 지오가 귀엽고 사랑스럽기만 했다.

"우아! 삼촌, 이게 뭐야?"

이제야 공책을 펴 본 지오가 그림 한 컷을 발견하고는 탄성을 내질렀다.

"설마 몰라서 물어보는 건 아니지? 얼마 전에 인터넷으로 뉴스를 보다가 그려 봤어."

삼촌의 공책에는 캐나다의 자랑인 슈퍼 메이플의 모습이 그림으로 담겨 있었다. 삼촌은 평소 그림 그리는 것을 좋아했다. 그래서 지오가 어릴 적 시골에서 곤충을 발견하면 그걸 삼촌이 꼭 그림으로 그려 주고는 했다. 지오는 아직도 삼촌이 그려 주었던 곤충 그림들을 간직하고 있었다.

"삼촌! 완전 사진이 따로 없네. 나 이거 한 장 가지면 안 돼?"

지오도 여느 친구들과 다름없이 슈퍼 메이플에 관심이 많았다. 미국에 캡틴 부메랑이 있다면 국경을 맞닿고 있는 캐나다에는 슈퍼 메이플이 있다. 캡틴 부메랑과 슈퍼 메이플은 크고 작은 일을 가리지 않고 사람들이 위험에 처한 순간이라면 언제 어디에서든 나타나고는 했다. 가끔 친구들끼리 각 나라에서 있었던 영웅 이야기를 하며 그 주인공들을 만나 보고 싶어 하기도 했다. 하지만 지오는 슈퍼 메이플이 궁금하기는 해도 평생 만나고 싶지는 않았다.

엄마와 지오, 삼촌이 차를 세워 둔 곳으로 가기 위해 바깥으로 나왔을 때 찬바람이 온몸을 감쌌다.

"으아아, 추워. 원래 캐나다는 이렇게 추워? 뉴스 보니까 눈도 많이 왔다고 하던데, 여긴 괜찮은 거야?"

삼촌이 한껏 몸을 움츠리고 말했다.

"요즘 날씨는 딱 얼음의 나라, 캐나다답지. 캐나다는 국토가 넓어서 기후가 다양하기는 한데, 대체로 위도가 높아서 겨울에 온도가 낮고 추위가 심한 편이야. 그래도 토론토는 1월 최저 기온이 영하 7도에서 9도밖에 안 돼. 하지만 추운 거 싫어하는 너는 겨울 자체가 싫긴 하겠다. 가을 단풍철에 왔으면 좋았을 텐데, 아쉽겠다."

엄마가 삼촌에게 말했다.

"아, 그 유명한 메이플 로드?"

삼촌의 물음에 엄마는 고개를 끄덕였다.

토론토가 속해 있는 온타리오주는 가을 단풍철이 절정이다. 특히 토론토에서 퀘벡을 연결하는 도로가 있는데, 이를 메이플 로드라고 부른다. 매년 단풍 시즌이 되면 세계 각지에서 수많은 관광객들이 이곳을 찾는다.

"그런데 누나, 로드라고는 해도 길 자체를 의미하는 건 아니지?"

"응. 토론토, 오타와, 몬트리올 등의 도시 주변에 흩어져 있는 앨곤퀸 주립 공원과 로렌시아고원 등을 포함한 단풍 지역을 모두 말하는 거지."

"흠, 퀘벡이 좀 궁금하긴 한데, 그래도 겨울철에 퀘벡은 사양이야."

삼촌이 손사래를 쳤다. 그도 그럴 것이 삼촌은 추위에 매우 약한데 퀘벡은 겨울에 상당히 춥기 때문이다.

퀘벡에서 불리는 노래 중에 '내 고향은 땅이 아니라 겨울'이라는 가사가 있을 정도란다. 퀘벡의 위도는 북위 47도 정도에 해당되는데, 한겨울에는 영하 30도까지 온도가 내려가기도 하고, 평균 강설량도 2미터가 넘는다. 남쪽에 평야가 조금 있기는 하지만, 대부분 타이가라고 하는 삼림 지대와 툰드라 지대이다.

지오는 엄마와 삼촌의 이야기를 들으면서 어젯밤 꾸었던 꿈이 불현듯 떠올랐다. 꿈속에 나왔던 공원이 앨곤퀸 주립 공원이었기 때문이다. 지오는 커다란 눈덩이가 삼촌과 자신을 집어삼키려고 달려들던 게 생각나서 등골이 오싹해졌다. 갑자기 안색이 변한 지오를 보고 삼촌이 눈을 크게 떴다.

"지오야, 갑자기 왜 그래?"

엄마가 지오를 보더니 지오의 얼굴을 어루만졌다.

"우리 걱정이가 또 뭔가를 걱정하나 보지."

지오는 세차게 고개를 털었다. 하지만 그렇다고 걱정이 사라지는 것은 아니었다.

"우리 지오는 예나 지금이나 걱정이 많구나?"

삼촌이 허허 웃으며 지오의 머리를 쓰다듬어 주었다.

"그런데 누나, 토론토도 눈이 꽤 왔나 봐. 구석구석 눈이 쌓여 있네."

지난주에 토론토에도 눈이 왔는데, 온도가 낮아지면서 눈이 얼음으로 변해서 빙판길인 곳도 있었다. 뉴스에서 빙판길에 미끄러진 차 사고가 몇 번 보도된 적이 있었는데, 그때 슈퍼 메이플이 나타나서 사고 현장에 있던 사람들을 도와주었다.

"아, 맞다! 삼촌, 지난주에 우리 학교 근처에서 교통사고가 났는데, 그때 슈퍼 메이플이 나타나서 큰 사고가 날 뻔한 걸 막아 줬대. 혹시 삼촌도 인터넷으로 봤어?"

지오의 말에 삼촌이 빙그레 웃었다.

"아까 지오가 가져간 그림이 바로 그 기사를 보고 그린 그림이야. 그런데 지오는 슈퍼 메이플 실제로 본 적 없어? 삼촌은 캐나다 온 김에 실제로 만나서 그림 그리고 싶은데 그건 안 되겠지?"

삼촌의 물음에 지오가 고개를 격하게 끄덕였다. 슈퍼 메이플이 나타나는 순간이 곧 위기의 순간이기 때문이었다. 지오는 그런 상황에 처하는 것이 싫었다.

"얘, 우리 걱정이 앞에서 슈퍼 메이플 얘기 하지 마. 또 쓸데없이 걱정한단 말이야."

엄마가 운전을 하면서 삼촌에게 핀잔을 주었다.

엄마는 지오가 계속해서 쓸데없는 걱정을 할까 봐 말을 돌렸다.

"지금 가는 길이 여러 가지 코스의 버스 투어가 있는 길이거든. 이 버스 투어로 전체 여행 코스를 빠르게 돌아본 뒤 나중에 다시 가고 싶은 곳을 천천히 둘러보면 좋아. 지하철 노선이나 역 위치, 목적지 위치를 파악할 수 있어서 편하다고 해."

"다음에 기회 되면 지오랑 둘이 버스 투어도 한번 하면 좋겠다. 그치, 지오야?"

삼촌의 말에 지오가 고개를 끄덕였다.

삼촌이 오기 전에 이것저것 많은 걱정을 했지만, 그래도 삼촌이 캐나다에 온 것이 지오는 기쁘기 그지없었다. 내일부터 펼쳐질 삼촌과의 캐나다 여행이 무척이나 기다려졌다.

Hi 캐나다에 대해서 알려 줄게

캐나다 기후

캐나다는 남북은 북위 41도부터 북극권까지, 동서는 대서양 연안부터 태평양 연안까지로 매우 넓어서 지역에 따라 기후 차가 크다. 북극해 연안은 건조한 툰드라 기후이며, 북부 산지 지역은 극기후를 나타낸다. 반대로 태평양 연안의 남부 지역은 온난한 기후를 나타낸다.

캐나다 속 프랑스, 퀘벡

캐나다 동부 퀘벡주의 주도로, 항구 도시이다. 16세기, 프랑스 탐험가 자크 카르티에가 모피 교역지로 개발하기 시작했다. 그 뒤 세인트로렌스강 주변에 마을이 생기면서 상업 지역으로 발전했다. 하지만 17세기, 영국과 프랑스 간 식민지 전쟁이 일어나면서 이곳에 분쟁이 생겼고, 여러 번의 전투 끝에 퀘벡은 영국에 넘어갔다. 하지만 프랑스계 주민들은 그대로 남아 프랑스 문화와 관습을

따르면서 영국계 주민들과 함께 어우러져 현재에 이르렀다. 현재도 퀘벡 주민의 80퍼센트 이상이 프랑스어를 모국어로 하고 있다. 하지만 오늘날 프랑스에서 쓰는 프랑스어와는 조금 차이가 있다.

메이플 로드

캐나다의 메이플 로드는 나이아가라 폭포에서 시작해서 가스페반도까지 이어지는 도로를 말하는데, 그중 나이아가라 폭포에서 토론토, 오타와, 몬트리올을 거쳐 퀘벡까지 이어

지는 800킬로미터의 도로가 유명하다. 매해 가을이면 메이플 로드에 단풍이 장관을 이뤄, 단풍을 감상하려는 수많은 관광객들이 모인다. 특히 10월이 되면 단풍이 절정에 이른다. 메이플 로드를 달리다 보면 단풍나무 외에도 밤나무, 자작나무 등 다양한 나무가 아름답게 물든 모습을 볼 수 있다.

이민자의 나라

'이민자의 나라'라는 별칭이 있을 정도로 이민자를 적극적으로 수용하는 캐나다는 세계 각국에서 온 많은 이민자들로 이루어진 다문화 국가이다. 하지만 캐나다도 과거에는 영국계와 프랑스계를 중심으로 언어와 문화가 집중되어 있었다. 그러자 서부 지역을 중심으로 강한 반발이 일어났고, 그 결과 다문화주의가 부상하며 다양성을 존중하는 정책이 실시되기 시작했다. 캐나다의 공식 언어는 여전히 영어와 프랑스어이지만, 이민자들 때문에 서로 다른 언어를 쓰는 사람이 전체 인구의 10퍼센트를 넘는다.

온타리오주

캐나다 남동부에 있는 주로, 19세기 후반 서부 지역에 대한 개척이 진척되면서 새로운 자원이 개발되자 캐나다 경제의 중심 지역으로 올라섰다. 현재 캐나다 전체 인구의 약 40퍼센트가 살고 있다.

토론토

온타리오호를 접하고 있는 토론토는 국가의 수도는 아니지만, 캐나다 경제의 수도라고 불릴 만큼 경제, 교통, 문화 등이 발달한 도시이다. 18세기 말, 영국인들이 도시를 건설하고 이곳을 새 식민지의 수도로 정했다. 그들은 처음에 요크라고 불렀으나 1834년, 토론토라는 이름이 정식으로 사용되기 시작했다. 시가지는 바둑판 모양으로, 도시 곳곳에 숲으로 뒤덮인 공원이 있다.

CN 타워

토론토 중심부인 다운타운 지역에 있는 단독 콘크리트 타워이다. 사실 타워의 역할은 텔레비전과 라디오의 전파를 내보내는 송출탑이다. 하지만 관광객들에게는 토론토의 전망을 볼 수 있는 토론토의 대표 상징물로 더 잘 알려져 있다.

오타와

캐나다의 수도이다. 오타와강과 리도 운하가 만나는 지점에 위치하며 캐나다에서는 네 번째로 큰 도시이다. 19세기에 뉴잉글랜드인들이 정착하기 시작하면서 도시가 본격적으로 발달하였다. 초기에는 이곳을 개척한 영국인 바이의 이름을 딴 바이타운(Bytown)이라고 불리다가 인구가 점점 늘어나자 새로운 설계에 의해 도시를 건설하고 오타와강의 이름을 따서 오타와로 이름을 정하였다. 1857년에 영국의 빅토리아 여왕의 결정에 따라 캐나다의 수도로 선정되었다.

"삼촌, 어서 일어나. 우리 오늘 나이아가라 폭포 보러 가야 한단 말이야. 어제 삼촌이 보고 싶다고 했잖아."

지오가 시차 때문에 아직 잠에서 헤어나지 못한 삼촌을 깨우기 시작했다. 어제도 삼촌은 아침에 잘 일어나지 못하더니 오늘도 마찬가지였다. 서머 타임이 끝난 겨울이라 토론토와 한국의 시차는 열네 시간이 났다. 그러니 삼촌이 여전히 잠에서 깨지 못하는 게 당연했다.

삼촌은 어제 토론토 시내를 구경하면서 다음 날인 오늘은 나이아가라 폭포를 보러 가자고 했다. 토론토에서 나이아가라 폭포까지는 차로 두 시간 정도의 거리였다. 지오는 가서 나이아가라 폭포만 보고 오기에는 아까운 생각이 들었다. 그래서 이왕 가는 거 전망대도 가 보고 식물원과 식물원 안에 있는 나비 온실관도 가 봐야겠다고 생각했다.

"삼촌, 우리 시간 없어. 빨리 밥 먹고 나가야 한단 말이야."

삼촌은 지오의 손에 이끌려서 어렵게 일어났다. 머리에 새 둥지를 이고 있는 듯한 삼촌의 모습에 지오는 웃음이 터졌다. 한국에서도 그랬지만 지오는 삼촌과 함께하는 일상이 정말로 즐거웠다.

엄마가 차려 준 아침을 먹으면서 지오는 내내 조잘거렸다.

"삼촌, 나이아가라 폭포 주변에 스카이론 타워가 있는데, 나이아가라 폭포 지역에서 가장 높은 건물이래. 날씨가 좋으면 토론토까지 보인다고 했어."

"오늘 날씨는 어때?"

삼촌이 하품을 쩍 하며 물었다.

뉴스로 날씨를 확인하던 지오가 눈살을 찌푸렸다.

잠시 나온 뉴스 화면은 온통 하얀색뿐이었다. 자동차 위에도 수북이, 지붕 위에도 수북이, 보이는 모든 곳곳에 눈이 수북이 쌓여 있었다.

"BC주 북부에 기록적인 폭설로 수천 가구의 전력이 끊기고 대중교통이 마비됐습니다. 캐나다 기상청은 포트 세인트존스에 23센티의 눈이 내려 종전의 같은 날 최고 기록인 15.2센티를 넘어섰다고 밝혔습니다."

보도하고 있는 기자의 어깨 위에도 눈이 하얗게 쌓여 있었다. 지오가 텔레비전을 뚫어져라 바라봤다.

"치울 수 없을 정도로 눈이 내려 시내버스의 운행이 오후 한 시까지 모두 중지돼 출근하는 직장인들이 어려움을 겪었습니다. 도슨크리크 등의 학교는 정상 운영됐지만, 통학 버스 운행은 중단돼 학교에 가지 못하는 경우도 있었습니다. 해당 지역 고속도로에도 눈과 진눈깨비가 섞여 내려 BC 교통부는 이 지역을 통과할 때 각별한 주의를 당부했습니다."

계속해서 눈 때문에 입은 피해들이 나열되고 있었다. 지오의 눈썹이 점점 걱정으로 처지고 있었다. 앨버타주에 이어서 BC주까지 폭설이 이어지고 있었다.

"지오야, 저기는 BC주잖아. 우리랑은 엄청 먼 거리라고. 걱정 안 해도 돼."

엄마가 지오의 머리를 만져 주며 말했다.

BC주는 캐나다 서부 지역에 있는 브리티시컬럼비아주를 말한다. 주도는 빅토리아이고 대도시는 밴쿠버가 있다. 밴쿠버 북쪽 해안 부근에는 해안 산맥인 코스트산맥이 있다. 산맥과 산맥 간 협곡은 '밸리'라고 부르는데, 오카나간 밸리, 쿠트네이 밸리, 컬럼비아 밸리 등이 자리한다. 그중에서도 오카나간 밸리는 남북으로 좁고 긴 BC주에서 가장 큰 호수인 오카나간 호수를 중심으로 넓게 펼쳐져 있다. 기온이 30도 이상 올라가는 건조 지대이며, 겨울에는 산에 눈이 와도 도시가 있는 산기슭은 흐린 날씨일 때가 많다. 봄은 일찍 오고 늦가을까지 따뜻한 편이라 살기 좋다. 하지만 세계적인 기상 이변으로 BC주에도 폭설이 이어지고 있는 모양이었다.

지오는 자신이 살고 있는 온타리오주까지 폭설이 이어져서 꿈에서 겪었던 일을 실제로 겪을까 봐 걱정되었다.

삼촌은 옆에서 걱정이 지오를 안심시켜 주었다. 지오는 고개를 끄덕였지만 걱정을 완전히 접을 수는 없었다.

엄마는 화제를 바꾸기 위해서 어서 나이아가라 폭포를 보러 가자고 말하며 서둘렀다.

나이아가라 폭포는 토론토 외곽에 있다. 아빠가 일 때문에 바쁜 관계로 엄마 차를 타고 가기로 했는데, 가는 내내 삼촌은 엄청 기대한 눈치였다. 하지만 막상 나이아가라 폭포 앞에 서자 삼촌은 당황한 표정을 지었다.

"삼촌, 엄청 멋지지? 어! 삼촌, 표정이 왜 그래?"

"누나, 우리가 언제 산에 올라왔나?"

삼촌이 엄마에게 물었다. 엄마는 그게 무슨 소리냐는 듯 삼촌을 쳐다봤다.

"원래 폭포라는 게 이렇게 그냥 길을 따라가다가 떡 하고 나오는 거야?"

삼촌의 말에 그제야 지오는 삼촌이 왜 그런 표정을 지었는지 알 수 있었다. 지오도 맨 처음 나이아가라 폭포를 봤을 때 삼촌과 같은 생각을 했다. 그래서 그때 아빠한테 그렇게 물었다.

"아빠, 원래 폭포는 산에 있는 거 아니야?"

지오는 모인 물이 위에서 아래로 떨어지려면 그만큼의 높낮이가 있어야 하고 그럼 산에서만 폭포를 볼 수 있을 거라고 생각했다. 그런데 나이아가라 폭포는 거의 평지나 다름없는 구릉지에 자리하고 있다.

"폭포가 산도 없고 계곡도 없이 이렇게 존재할 수 있는 거야?"

삼촌이 희한하다는 듯 물었다.

"난 계단도 올라가고, 우리나라같이 좁고 높은 곳에서 떨어지는 폭포를 예상했지. 의외인데!"

지오도 처음에는 길가에 폭포가 나타나는 바람에 '설마 저게 폭포일까?' 하고 어리둥절했다.

오늘은 아빠가 일 때문에 같이 못 왔지만, 그때 아빠는 굉장히 자세하게 나이아가라 폭포에 대해서 설명해 주었다.

'케스타'라고 지리 시간에나 배울 법한 전문 용어가 나왔지만, 지오는 어떤 내용이었는지 기억하고 있었다. 이리 호수에서 온타리오 호수로 쏟아지는 거대한 나이아가라 폭포는 미국과의 국경선에 위치하는데, '캐나다 폭포'와 '아메리칸 폭포'로 나뉜다. 이렇게 평지에 폭포가 생긴 것은 이리 호수에서 강으로 뻗어 있는 곳에 땅이 푹 꺼져 있기 때문이라고 했다. 세월이 흐르면서 물이 떨어지는 힘에 의해 낙차는 더욱 커졌을 것이고, 그로 인해 오늘날의 나이아가라 폭포가 되었을 것이라고 아빠는 설명했다.

지오는 아빠가 해 주었던 이야기를 삼촌에게 그대로 들려주었다. 삼촌은 지오의 설명을 듣고는 지오가 대견스럽다는 듯 머리를 쓰다듬어 주었다.

"우리 지오는 어떻게 이런 내용들을 다 알고 있어?"

지오가 어깨를 으쓱였다.

"아빠한테 들었던 이야기야. 그런데 삼촌, 나이아가라 폭포는 물이 밀려 내려갈 때와 떨어질 때의 느낌이 정말 다른 것 같아."

"그치? 자연은 대단한 것 같아."

"다음에는 날씨 따뜻할 때 삼촌이랑 한 번 더 오면 좋을 것 같아. 그런데 삼촌, 이런 거대한 폭포도 얼까?"

지오는 오늘 아침 갑작스러운 폭설 주의보가 내렸던 BC주가 생각나면서 의문이 들었다.

"엄청 추우면 얼겠지? 1900년대 초에 나이아가라 폭포가 얼었던 기록을 본 적이 있어."

지오는 놀랐다. 자신이 캐나다에 온 뒤로 몇 번이나 이상 기온이 있었지만, 나이아가라 폭포가 얼었던 적은 없었기 때문이다. 자연에 관심이 많은 지오는 나이아가라 폭포가 언 모습도 장관일 거라고 생각했다.

점심은 스카이론 타워 전망대에 올라가 먹기로 했다. 단풍나무 수액을 끓여서 졸여 만든다는 메이플시럽을 듬뿍 친 팬케이크였다. 입속 가득 달콤한 맛이 퍼졌다. 유리창 밖으로 보이는 폭포는 아래에서 보던 것과는 또 다른 느낌이었다.

지오와 삼촌과 엄마는 배를 두둑이 채우고 나이아가라 공원 나비 온실관으로 이동했다. 식물원 부지 내에 위치한 그곳에서는 전 세계 2,000여 마리 이상의 나비가 온실 안을 날고 있었다.

"와! 삼촌, 진짜 대단하다! 어떻게 이런 곳이 있을 수가 있지?"

캐나다에서 산 지 그래도 몇 년 되었지만, 지오는 나비 온실관을 보는 건 처음이었다. 나비들이 아름답게 날고 있는 모습에 지오는 넋을 잃은 사람처럼 그 광경을 쳐다보고만 있었다. 삼촌은 가방에서 공책을 꺼내더니 나비들이 날아다니는 모습을 빠르게 그림으로 남겼다. 삼촌과 지오는 나비 온실관에서 우두커니 선 채로 그렇게 시간을 보냈다. 결국 엄마가 정신을 놓고 있는 둘을 재촉해서 밖으로 나올 수 있었다.

"그런데 엄마, 여기는 어떻게 온실을 유지하는 거야?"

지오의 물음에 엄마가 대답했다.

"나이아가라 발전소의 전력을 이용해서 온실 내부를 25도 이상으로 유지하는 거야. 그래서 열대 식물도 함께 키울 수 있는 거지."

지오는 아까 맡았던 향기로웠던 식물 내음과 아름답게 날갯짓하던 나비들을 떠올리며 머릿속으로 마음껏 상상했다. 역시 자연은 대단하다고 생각하며 꼭 나중에 자연을 해치는 게 아니라 보호할 줄 아는 과학자가 되리라고 다시 한 번 마음먹었다.

Hi 캐나다에 대해서 알려 줄게

브리티시컬럼비아주(BC주)

캐나다 태평양 연안에서 로키산맥에 걸친 광대한 지역과 이에 인접한 섬들로 이루어져 있는 주이다. 이곳은 모피 거래가 시작되면서 개발되기 시작했다. 19세기, 금광이 발견되면서 사람들이 모여들자 영국 정부가 식민지를 설립하고 브리티시컬럼비아라고 이름을 붙였다.

코스트산맥

캐나다 남서부, 브리티시컬럼비아주의 태평양 연안에 로키산맥과 나란히 뻗은 해안 산맥이다. 미국 알래스카의 코디액섬에서 시작해서 캐나다를 지나 미국 캘리포니아 반도에까지 이른다.

오카나간호

미국 국경 부근에서부터 길쭉하게 뻗어 있으며, 괴어 있던 호수 물은 오카나간강을 통해 남쪽으로 흘러 나간다. 이 오카나칸호를 중심으로 남북으로 180킬로미터가량 길게 이어진 지역을 오카나간 밸리(계곡)라고 한다.

나이아가라 폭포

캐나다와 미국 국경 사이에 있는 대폭포로, 천둥이 울려 퍼지는 물이라는 의미의 원주민 말에서 유래한 이름을 가졌다. 폭포는 미국령인 고트섬에 의해 두 부분으로 나뉘는데, 미국 지역에 있는 폭포는 아메리칸 폭포, 캐나다 지역에 있는 폭포는 캐나다 폭포라고 한다. 나이아가라 강물의 94퍼센트가 흘러내리는 큰 캐나다 폭포는 형태가 말발굽처럼 생겨서 호스슈(Horseshoe) 폭포라고 불리기도 하는데, 높이는 약 53미터, 너비는 약 790미터에 이른다. 폭포 주변의 경치도 아름다워 세계 각국의 관광객들이 찾고 있다.

나이아가라 공원 식물원

나이아가라 폭포 주변 공원에 조성된 약 40만 제곱미터 부지의 식물원으로, 약 2,400종의 장미를 비롯해 다양한 식물이 있다. 또한 식물원 안에 있는 나비 온실관에서는 45종으로 구성된 2,000마리 이상의 나비를 볼 수 있다.

©Robert Linsdell from wikimedia

스카이론 타워

나이아가라 폭포(캐나다 폭포) 옆에 있는 타워로 레스토랑, 전망대, 영화관 등을 갖춘 캐나다에서 가장 높은 종합 오락 시설이기도 하다. 이곳 전망대에서는 캐나다 폭포와 아메리칸 폭포를 모두 볼 수 있으며, 시야가 좋은 날에는 토론토까지 볼 수 있다.

캐나다의 상징, 단풍

캐나다는 국기에 붉은 단풍잎이 그려져 있어 소위 '단풍국'이라고도 불린다. 하지만 처음부터 캐나다 국기에 단풍잎이 들어갔던 것은 아니다. 이전의 국기는 영연방의 일원을 상징하는 영국의 유니언잭이 포함된 붉은색 기였다. 그러자 프랑스계 사람들의 반발이 일어나며 여러 가지 문제가 생겼다. 결국 새로운 국기에 대한 필요성을 느끼고 다시 만든 국기가

현재의 단풍잎이 그려진 국기이다. 이 단풍잎은 영국계, 프랑스계를 초월해서 캐나다를 상징하는 중립적인 상징으로서 가운데 배치됐고, 이후 캐나다의 상징이 되었다.

메이플시럽

캐나다의 동부 지역에는 늦겨울부터 늦은 봄까지 설탕 단풍나무에서 묽고 맑은 희미한 단맛의 수액이 흐르기 시작한다. 나무 한 그루당 1년에 십여 리터의 수액을 얻을 수 있는데, 이 수액을 끓여서 졸이면 짙고 달콤한 시럽이 된다. 이 시럽이 바로 메이플시럽이다. 팬케이크나 와플에 뿌려 먹기도 하고, 다양한 음식에 설탕 대신 단맛을 내기 위해 사용한다.

"지오야! 이것 봐. 친구한테 연락이 왔는데 여기에서 캠핑을 할 수 있대. 우리 여기 갈래?"

삼촌이 친구에게 받은 메일 한 통을 지오에게 들이밀었다.

삼촌이 캐나다에 있는 걸 안 친구가 메일을 보냈단다. 자기가 꼭 가 보고 싶은 곳이 있는데, 대신 가서 보고 나중에 경험담 좀 들려 달라고 말이다. 그곳은 바로 앨곤퀸 주립 공원이었다.

캐나다는 산과 호수가 어우러진 대자연의 장엄함과 아름다움을 느낄 수 있는 나라이다. 캐나다 사람들은 캠핑과 야외 활동을 좋아해서 자연 속에서 즐기는 각종 야외 활동과 스포츠가 발달했다는 건 지오도 이민 와서 여실히 느끼고 있었다.

"캠핑? 그러면 가서 하루 자야 하는 거 아니야?"

"날씨가 영하이긴 하지만 통나무집이라서 자는 건 걱정하지 말라고 했어."

추위를 많이 타는 삼촌이 괜찮다고 할 정도이면 걱정하지 않아도 될 일이었다. 다만 마음에 걸리는 게 있다면 꿈속에서 눈사태를 맞이했던 곳이 바로 앨곤퀸 주립 공원이라는 것이다. 설마 꿈이 현실이 되지는 않겠지?

"그래도 겨울에 여행 왔는데, 캐나다 자연의 극치를 한번 맛보고 가야 하지 않겠어?"

왠지 애절해 보이는 삼촌의 이야기에 지오는 고개를 끄덕였다.

"알았어. 가자."

하지만 이내 다시 지오가 조심스레 물었다.

"그런데 삼촌, 그런 곳에는 사나운 회색 곰이 나온다는데, 그건 괜찮겠지? 통나무집에서 자면 곰 걱정은 안 해도 되겠지?"

삼촌은 조카가 또다시 걱정이 지오가 된 것을 보고는 껄껄 웃었다.

"우리 걱정이가 또 걱정을 시작했구나? 텐트나 쓰레기통 주변에 음식물을 놓지 않고, 트레킹을 할 땐 되도록 여러 사람이 다니고, 소리를 크게 낼 수 있는 그릇 같은 걸 들고 소리를 내면 곰이 놀라서 도망간다고 했어."

삼촌의 설명에 그제야 지오가 안심한다는 표정으로 고개를 끄덕였다.

"깊은 산속이면 자연을 맘껏 감상할 수 있겠지? 삼촌, 말이 주립 공원이지 공원 면적이 서울시 면적의 열 배가 넘는다고 했어. 아름다운 자연 속에서 며칠을 보내는 건 정말 좋은 기회일 것 같아."

지오는 이제야 마음이 놓였는지 잔뜩 들떠서 이야기했다. 겁은 많지만 자연을 사랑하는 순수한 조카 지오를 보며 삼촌이 뿌듯한 듯 웃었다.

다음 날, 지오와 삼촌은 커다란 배낭에 짐을 꼼꼼하게 챙겼다. 삼촌이 그동안 그림을 그린 공책도 집어넣었다. 지오는 혹시나 하는 마음에 가방을 자꾸만 살폈다.

"우리 잘 다녀올게요!"

"엄마, 아빠. 내일 봐요!"

지오와 삼촌이 손을 흔들며 인사했다.

온타리오주 남동부에 있는 앨곤퀸 주립 공원은 토론토에서 250킬로미터 떨어져 있다. 온타리오주에서 가장 넓은 자연공원으로, 원래 인디언들이 사냥을 하며 살던 소나무 숲이었다. 하지만 목재 상인들이 들어오면서 소나무는 잘려져 나가고 야생 동물들도 많이 사라졌다.

"삼촌, 왜 사람들은 이렇게 멋진 자연을 보호할 줄 모를까? 다 잃고 난 뒤에 그제야 부랴부랴 보호하려고 하는 게, 너무 안타까워."

차에 타서 창밖을 바라보며 지오가 말했다.

"그러게. 사람들이 우리 지오 같으면 얼마나 좋을까?"

삼촌은 운전하면서 흐뭇한 미소를 지었다.

"그런데 지오야, 여기 가을에 오면 정말 예쁘겠다."

삼촌이 운전을 하며 말했다.

앨곤퀸 주립 공원을 가기 전에 머스코카 호수라고 있는데, 호수는 가을철에 단풍과 조화를 이루는 아름다운 전경으로 유명한 곳이었다. 특히 조용히 물살을 헤치는 유람선을 타고 물가의 화려한 단풍 잔치를 둘러보는 코스가 유명했다.

"삼촌, 사람들이 앨곤퀸 주립 공원으로 가는 길을, 가을에는 가면 갈수록 화려해지는 꽃길이라고 그랬…… 어어! 삼촌! 조심해!"

지오의 외침에 자동차가 끽, 소리와 함께 급하게 멈추어 섰다. 눈앞에 무엇인가가 있었다.

"지오야, 괜찮아?"

지오가 고개를 끄덕였다.

"그런데 삼촌, 저건 뭐야?"

무엇인가가 도로 바로 옆에서 웅크리고 있었다. 둘은 웅크리고 있는 게 무엇인지 보기 위해서 조심히 차에서 내렸다. 지오는 삼촌의 옷자락을 쥐고 고개를 저었다. 함부로 가까이 가지 말라는 뜻이었다. 하지만 삼촌은 괜찮다며

지오를 놔두고 앞으로 조심스레 나아갔다.

"지오야! 이리로 와 봐! 늑대인데, 어디를 다쳤나 봐."

지오는 늑대라는 소리에 움찔, 하고 몸을 떨었지만 뒤이어 어디를 다친 것 같다는 소리에 급하게 삼촌에게 달려갔다. 늑대는 자리에서 일어나지 못하고 힘들어했다. 아마 다리를 다친 것 같았다.

"지오야, 어떻게 해야 하지?"

지오가 삼촌의 얼굴을 보며 같이 고민하다가 이내 박수를 쳤다.

"삼촌, 산림 경비원한테 알리면 돼."

지오와 삼촌의 연락을 받고 공원의 산림 경비원이 달려왔다. 산림 경비원은 늑대의 상태를 살피고 지오에게 말했다.

"용감한 아이구나. 그냥 지나칠 수도 있는데. 고마워, 네 덕분에 작은 생명을 살렸어."

산림 경비원은 웃으며 지오의 머리를 쓰다듬어 주었다.

"너한테 도움을 받았으니까 나도 작지만 선물을 주고 싶구나."

차에 오르려는 지오를 향해 산림 경비원은 주머니에서 무엇인가를 꺼내어 건네주었다. 지오가 손을 펴 보니 거기에는 단풍잎이 그려진 배지 하나가 놓여 있었다.

Hi 캐나다에 대해서 알려 줄게

대자연의 나라

캐나다는 세계에서 두 번째로 넓은 국토를 가진 나라답게 다양한 자연의 모습을 가지고 있다. 서쪽으로는 거대한 로키산맥과 북서쪽으로는 매켄지산맥의 봉우리들이 있고, 중부 지역에는 비옥한 대초원이 있다. 북동부의 순상지에는 빙하의 침식으로 생겨난 호수와 늪, 암석들이 많다. 또한 브리티시컬럼비아주에는 온대 우림 지역인 그레이트베어 우림이 있다. 캐나다에 있는 호수와 강은 지구 전체 민물의 약 20퍼센트를 차지한다.

앨곤퀸 주립 공원

온타리오주에 위치한 주립 공원으로, 1893년 지정되었다. 총면적은 7,653제곱킬로미터이다. 과거 무분별한 벌목으로 이곳에 살던 야생 동물들이 사라져 갔다. 그래서 공원으로 지정하여 야생 동물을 보호하기 시작했다. 현재는 다시 비버, 곰, 사슴, 늑대 등 야생 동물들이 서식하고 있으며, 공원 내 숲의 대부분은 보호 구역으로 지정되어 있다.

밴프 국립 공원

앨버타주에 위치한 국립 공원으로, 1885년 지정되었다. 총면적은 6,640제곱킬로미터이다. 로키산맥의 동쪽 비탈면에 있으며 캐나다 최초의 자연공원으로 개설되었다. 대규모의 빙하, 호수와 늪, 고산 목초지, 야생 동물 등이 있다.

나하니 국립 공원

노스웨스트준주에 위치한 국립 공원으로, 북아메리카에서 가장 웅장하고 거친 강 중 하나인 사우스나하니강을 따라 자리하고 있다. 1972년 국립 공원으로 지정되었으며, 깊은 협곡, 거대한 폭포, 독특한 석회암 동굴 등이 있다. 또한 회색곰, 순록 등 북방 지역에서

살아가는 동물들의 서식지이기도 하다. 1978년에는 유네스코 세계 문화유산으로 지정되었다.

산림 경비원(파크 레인저)

산림 경비원은 공원을 보호하는 역할을 부여받은 공원 관리 직원이다. 산림 경비원은 누구나 알 수 있도록 제복을 입고 있으며, 기본적으로 공원 내 자연 보존 및 야생 동물을 보호하는 역할을 한다. 공원을 순찰하고 모니터링 하며 공원 내 방문객 체험 및 교육 프로그램을 개발하고 진행하기도 하고, 방문객들이 공원의 규칙을 잘 지킬 수 있도록 안내하는 등 다양한 역할을 한다.

야생 동물의 천국

캐나다의 드넓고 다양한 자연환경에서는 그만큼 다양한 야생 동물들을 만날 수 있다. 말코손바닥사슴이나 순록, 그라운드 호그는 물론이고, 캐나다를 상징하는 비버도 어디에서나 볼 수 있다. 곰은 지역에 따라 북극곰, 불곰, 회색곰 등 다양하게 만날 수 있다. 이 밖에도 멸종 위기의 아메리카들소, 사향소, 아메리카퓨마 등도 살고 있다. 캐나다 정부와 국민들은 자연을 지키기 위해 보호 지역을 지정하고, 공원 내에서도 야생 동물에게 먹이 주는 것을 법으로 금지하며, 허가받은 사람만 야생 동물을 돌볼 수 있게 하는 등 엄격하게 관리한다.

통나무집은 호숫가에 있었다. 쭉쭉 뻗은 아름드리 소나무 숲 사이에 자리한 2층으로 된 집이었다. 현관문을 열고 들어가 보니 거실에는 벽난로가 놓여 있었다.

삼촌은 2층에 짐을 정리하고 내려와 바비큐를 하기 위해 불을 지폈다. 둘은 맛있는 고기와 채소로 배를 채우고 호수가 내려다보이는 마당의 나무 아래에 캠핑 의자를 놓고 앉았다. 어둠이 내려앉고 있었다. 기온이 내려가자 삼촌이 지펴 놓은 불에 장작을 더 넣었다. 검푸른 밤하늘에는 금방이라도 쏟아질듯 별이 가득 돋아 있었다. 간간히 늑대 울음소리가 들려왔다. 그렇게 앨곤퀸 주립 공원에서의 겨울밤이 깊어 갔다.

"삼촌, 저기 하늘 좀 봐. 서울에서는 볼 수 없는 하늘이지? 난 가끔 한국이 너무 그리울 때가 있는데, 또 이렇게 캐나다에서 하늘을 보면 그런 생각이 쏙 들어가곤 해."

삼촌은 지오와 이야기를 나누면서 밤하늘을 공책에 그렸다.

"어서 자자. 내일 트레킹하려면 일찍 자야지."

밤하늘을 보며 들떠 있던 지오는 삼촌을 따라 잠자리에 들었다.

다음 날 아침이었다. 바람 소리에 지오는 일찍 눈이 뜨였다. 지오의 옆에서 자던 삼촌은 벌써 일어났는지 보이지 않았다. 지오는 바깥에서 나는 소리가 심상치 않아 침대에서 벌떡 일어났다. 커튼을 열고 창밖을 보니 눈보라가 흩날리고 있었다. 언제부터 내렸는지 마당에 세워 둔 차 위로 눈이 두껍게 쌓여 있었다.

"어? 언제 이렇게 눈이 많이 왔지?"

지오는 얼른 옷을 입고 1층으로 내려갔다. 삼촌이 거실 소파에 앉아 걱정스러운 얼굴로 밖을 내다보고 있었다. 뭔가 급박한 일이 일어난 것 같았다.

"삼촌, 왜? 무슨 일 있어?"

지오도 덩달아 잔뜩 걱정이 어린 얼굴로 삼촌을 쳐다보며 물었다.

"간밤에 폭설이 내렸어. 게다가 지금 눈 폭풍이 몰아치고 있어. 일기 예보에도 없던 갑작스러운 폭설이라서 걱정이야."

삼촌이 곤란한 듯 말했다. 아침에 가자던 호수 트레킹은 당연히 취소되었다.

불길한 예감은 틀리지 않는다더니, 오후가 되면서 눈발은 더 굵어지고 바람은 더욱 거세졌다. 눈보라가 통나무집을 집어삼킬듯 휘몰아쳤다. 눈은 벌써 지오의 무릎을 넘어설 정도로 쌓인 것 같았다.

눈보라는 꼬박 하루가 지나도 그칠 기미가 보이지 않았다. 다음 날 오후 토론토로 돌아가기로 했던 일정은 이미 물 건너간 상황이었다. 지금 세상에 무슨 일이 일어나고 있는 걸까? 지오는 뉴스라도 볼 수 있으면 좋을 텐데 그럴 수 없는 것이 답답했다.

배에서 꼬르륵 소리가 났다. 삼촌이 걱정스러운 얼굴로 말했다.

"이거 큰일이다. 하룻밤 머물 거라고 생각해서 먹을거리를 충분히 준비하지 않았는데."

예정에 없던 통나무집에서의 일정이 길어지자 지오와 삼촌은 걱정하기 시작했다. 사납게 들이치던 눈보라는 다행히 멈췄지만, 지오의 가슴 높이까지 내린 눈을 뚫고 어디로 어떻게 가야 할지 알 수가 없었다. 지오와 삼촌은 구조대가 오면 언제든지 갈 수 있도록 아예 두꺼운 파카를 입은 채 침낭 속에 들어가 배낭을 베개 삼아 거실 소파에 누웠다. 물을 끓여 식혀 마신 것 외에는 하루 종일 먹은 것이 없었다. 그나마 통나무집에서 자가 발전한 전기가 있어 난방이 끊기지 않았다는 것이 감사할 따름이었다. 배가 고프다는 투정도 할 수 없었다.

"지오야, 미안해. 내가 괜히 여기에 오자고 그래서……."

삼촌이 미안한 표정으로 말했다. 지오는 고개를 저었다.

"삼촌, 그런데 우리 집에 돌아갈 수 있을까? 엄마 아빠가 걱정하실 텐데."

"공원 관리소에서 우리 예약 상황을 알고 있으니, 곧 구조대를 보낼 거야."

작은 등만 켜 놓고 침낭 속에서 둘은 두런두런 이야기를 나눴다. 어느새 삼촌의 숨소리가 규칙적으로 들려왔다. 지오도 잠을 이루려고 소파 쪽으로 돌아누웠다. 베고 있던 삼촌의 배낭 안에 뭔가 딱딱한 것이 지오의 뺨에 느껴졌다.

이게 뭐지? 지오는 삼촌의 배낭을 들여다보았다.

삼촌이 늘 가지고 있던 그림이 담긴 공책이었다. 지오는 희미한 불빛에 공책을 펼쳐 보았다. 삼촌이 그렸던 캐나다의 이곳저곳이 모여 있었다. 나이아가라 폭포, 나비들이 날갯짓을 했던 나비 온실관, 앨곤퀸 주립 공원에서 본 멋진 밤하늘, 그리고 삼촌이 캐나다로 오기 전에 한국에서 뉴스로 봤던 슈퍼 메이플.

아! 슈퍼 메이플!

지오는 통나무집에 오기 전에 산림 경비원에게 받았던 배지가 생각났다.

지오가 배지를 꺼내어 손에 꼭 쥐었다.

지오는 잠들기 전 간절하게 기도했다. 제발 슈퍼 메이플이 이곳에 와 주기를 말이다.

"지오야, 일어나 봐!"

삼촌이 다급하게 깨우는 소리에 지오가 화들짝 놀랐다. 삼촌은 손끝으로 하늘을 가리키고 있었다. 지오가 눈앞에 펼쳐진 풍경을 보고 깜짝 놀라서 눈을 동그랗게 떴다.

"삼, 삼촌. 혹시 지금 꿈이야?"

잠꼬대를 하는 것 같은 지오의 말에 삼촌이 고개를 저었다.

"지오야, 슈퍼 메이플이 우리를 구해 주러 왔나 봐."

창문 밖에 슈퍼 메이플이 있었다. 어젯밤 지오가 끌어안고 잤던 삼촌의 공책 속에 그려져 있던 그 슈퍼 메이플이 말이다. 캐나다 국기의 붉은 단풍잎 무늬가 그려진 빨간색 옷을 입은 슈퍼 메이플이 통나무집 주위를 맴돌고 있었다.

삼촌과 지오는 얼싸안고 눈물을 흘렸다. 그렇게 슈퍼 메이플 손에 이끌려서 지오는 삼촌과 함께 사흘 만에 구조되었다. 구조된 뒤 비로소 지오와 삼촌은 사흘간의 세상 소식을 들을 수 있었다. 일기 예보조차 예측하지 못한 이상 기후로 인해 캐나다 동부에 갑작스러운 폭설이 내렸고, 사흘간 시내 곳곳의 버스 운행과 전력 공급이 중단되었다고 했다. 학교는 문을 닫고, 국립 공원이나 주립 공원으로 겨울 캠핑을 떠난 사람들 중에는 지오 일행과 마찬가지로 산속에 고립되었다가 구조된 사람도 많았다.

사흘 동안 있었던 소식을 들으며 지오는 가슴을 쓸어내렸다.

토론토 피어슨 국제공항의 활주로에는 비행기가 막 이륙 준비를 하고 있었다.

"우리 걱정이가 이번 일로 더 걱정이 많아지는 거 아니야?"

삼촌은 앨곤퀸 주립 공원에서의 기억이 떠오르는지 지오의 머리를 쓰다듬어 주며 물었다.

"아니, 삼촌. 걱정 마. 다 좋았어. 모든 것이 다 좋았어. 눈 속에 고립되었을 때조차도."

"음, 의외인걸."

사실 지오도 이런 느낌을 갖게 될 거라고는 미처 생각하지 못했다.

"지오야. 자, 이거 선물."

삼촌이 배낭에서 뭔가를 꺼내어 지오에게 건넸다. 삼촌이 여행 내내 들고 다니면서 그렸던 그림들이 한가득 담긴 공책이었다.

"삼촌, 이거 나 가져도 되는 거야?"

"그럼. 삼촌이 언제 또 캐나다에 올지 모르는데, 다시 캐나다에 올 때까지 잘 보관하고 있어."

지오는 삼촌이 준 공책을 품에 꼭 끌어안았다.

하늘로 뜬 비행기를 향해 지오는 손을 흔들었다. 삼촌과 잊지 못할 시간을 보낼 수 있었음에 지오는 그저 감사할 따름이었다.

빨간 머리 앤

캐나다 아동문학가 L.M. 몽고메리의 대표 소설이다. 작가의 고향인 세인트로렌스만 안에 있는 아름다운 프린스에드워드섬을 무대로, 고아원에 살던 빨간 머리에 주근깨가 많은 소녀 앤이 남자아이를 원하던 집으로 잘못 입양되면서 일어나는 일들이 담겨 있다. 특히 10대 소녀의 심리와 성장 과정이 잘 표현되어 있는데, 이는 몽고메리 자신의 삶이 투영되어 있기 때문이다.

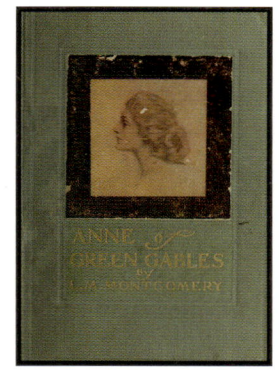

프린스에드워드섬

캐나다를 구성하는 연방 중 프린스에드워드아일랜드주를 구성하는 인구 약 15만 명의 섬이며, 캐나다 연방주 중 가장 인구와 면적이 작다. 캐나다 본토와는 노섬벌랜드 해협에 의해 분리되어 있다. 원래 이 섬의 이름은 인디언 부족 중 하나인 미크맥족에 의해 '바다 위의 요람'이라는 의미의 아베

그웨이트(Abegweit)라고 불렸으나, 그 뒤 여러 차례 이름이 바뀌었다가 영국의 에드워드 왕자의 이름을 따서 현재의 프린스에드워드섬이 되었다. 섬 북쪽 해안에는 프린스에드워드섬 국립 공원이 있다. 또한 몽고메리의 소설 《빨간 머리 앤》의 무대가 되었던 캐번디시 마을에는 앤의 집 그린 게이블스가 소설 속 모습 그대로 남아 있다. 이곳은 실제 몽고메리의 친척 집이기도 했는데, 현재는 국립 공원이 관리하고 있다.

오로라

오로라는 '새벽'이라는 뜻의 라틴어로, 아름다운 석양이나 무지개와 같은 자연 현상이다. 주로 극지방에서 관찰되는데, 그 중 캐나다 북부 지역 도시인 옐로나이프와 화이트호스가 있다.

옐로나이프

캐나다 북반부에 위치한 노스웨스트 준주의 주도이다. 옐로나이프(노란칼)라는 이름은 옛날 이 지역에 살던 인디언 부족 치퍼맨족이 코퍼마인강에서 발견한 노란빛이 나는 동으로 무기와 도구를 만들어 썼던 데에서

유래했다. 이 지역은 금과 다이아몬드를 비롯한 지하자원이 풍부하여, 원래는 원주민들의 땅이었으나 1930년대 골드러시 이래로 백인들이 몰리며 캐나다 북부의 중심지가 되었다. 또한 겨울에 오로라를 관찰할 수 있는 장소로 무척 유명하다. 미국 국립 항공 우주국에서도 인정할 정도로 오로라 출현 빈도가 높은 곳이다.

화이트호스

캐나다 북반부에 위치한 유콘 준주의 주도이다. 1940년대 알래스카 간선 도로(알래스카 하이웨이)와 석유 파이프라인 건설 기지로 탄생한 곳이다. 화이트호스에서 보는 오로라의 특징은 산줄기 너머로 너울거리는 오로라를 감상할 수 있다는 것이다.

이누이트

캐나다 북부에 위치한 누나부트 준주에는 이누이트족의 문화가 존재한다. 에스키모라고 많이 알려져 있는 부족이지만, 실제 이름은 이누이트이다. 원주민 대부분이 이누이트족이며, '누나부트'도 이누이트족의 언어로 '우리들의 땅'이라는 뜻이다. 이누이트족은 수천 년에 걸쳐 이 땅에 살면서 자연 속 신들을 숭배하고, 수렵 생활을 하며 그들만의 독자적인 문화를 구축해 왔다.

이누이트 문화를 상징하는 돌과 바위로 만든 석상, 이눅슈크(Inukshuk)

하루놀 책 속에서 하루 신나게 놀자!

세계 속 지리 쏙
영웅 출동! 광대한 땅을 구하라!

초판 1쇄 발행 2018년 8월 27일
초판 5쇄 발행 2020년 11월 2일

글 김영미 문상온 | 그림 Tic=Toc

ⓒ김영미, 문상온, Tic=Toc 2018
ISBN 979-11-88283-51-4 73300
ISBN 979-11-88283-30-9 (세트)

＊저작권법에 의하여 한국 내에서 보호를 받는 저작물이므로 무단 전재와 무단 복제를 금합니다.
＊이 도서의 국립중앙도서관 출판예정도서목록(CIP)은 서지정보유통지원시스템 홈페이지(http://seoji.nl.go.kr)와
　국가자료공동목록시스템(http://www.nl.go.kr/kolisnet)에서 이용하실 수 있습니다. (CIP제어번호 : CIP2018024367)
＊책값은 뒤표지에 있습니다.
＊잘못 만들어진 책은 구입하신 곳에서 바꾸어 드립니다.

발행처 주식회사 스푼북 | 발행인 박상희 | 출판신고 2016년 11월 15일 제2017-000267호
제조국 대한민국 | 주소 (03993) 서울시 마포구 월드컵북로 6길 88-7 ky21빌딩 2층
전화 02-6357-0050(편집) 02-6357-0051(마케팅)
팩스 02-6357-0052 | 전자우편 book@spoonbook.co.kr
＊10세 이상 어린이 제품

제품명 영웅 출동! 광대한 땅을 구하라!	제조자명 주식회사 스푼북	제조국명 대한민국	⚠주 의
전화번호 02-6357-0050	주소 서울시 마포구 월드컵북로 6길 88-7 ky21빌딩 2층	아이들이 모서리에 다치지 않게 주의하세요.
제조년월 2020년 11월 2일	사용연령 10세 이상	
※ KC마크는 이 제품이 공통안전기준에 적합하였음을 의미합니다.		